조선 후기 중앙관청의
숨은 실세, 경아전

조선 후기 중앙관청의
숨은 실세, 경아전

초판 1쇄 인쇄 2023년 11월 13일
초판 1쇄 발행 2023년 11월 20일
–

기 획 한국국학진흥원
지은이 노혜경
펴낸이 이방원

책임편집 정조연   **책임디자인** 박혜옥
마케팅 최성수·김 준   **경영지원** 이병은
–

펴낸곳 세창출판사

신고번호 제1990-000013호 **주소** 03736 서울특별시 서대문구 경기대로 58 경기빌딩 602호
전화 02-723-8660 **팩스** 02-720-4579 **이메일** edit@sechangpub.co.kr **홈페이지** http://www.sechangpub.co.kr
블로그 blog.naver.com/scpc1992 **페이스북** fb.me/Sechangofficial **인스타그램** @sechang_official
–

ISBN 979-11-6684-261-0 94910
979-11-6684-259-7 (세트)

ⓒ 한국국학진흥원 연구사업팀, 문화체육관광부

한국국학진흥원 전통생활사총서 2

조선 후기 중앙관청의
숨은 실세, 경아전

노혜경 지음
한국국학진흥원 기획

세창출판사

한국국학진흥원에서는 2022년부터 문화체육관광부의 지원으로 전통생활사총서 사업을 기획하였다. 매년 생활사 전문 연구진 20명을 섭외하여 총서를 간행하기로 했다. 올해 나온 20권의 본 총서가 그 성과이다. 우리 전통시대의 생활문화를 대중에 널리 알리고 공유하기 위한 여정이 시작된 것이다.

한국국학진흥원은 국내에서 가장 많은 민간기록물을 소장하고 있는 기관으로, 그 수는 총 62만 점에 이른다. 대표적인 민간기록물로 일기와 고문서가 있다. 일기는 당시 사람들의 일상을 세밀하게 이해할 수 있는 생활사의 핵심 자료이다. 고문서는 당시 사람들의 경제 활동이나 공동체 운영 등 사회경제상을 이해할 수 있는 자료이다.

한국의 역사는 『조선왕조실록』이나 『승정원일기』와 같이 세계적으로 자랑할 만한 국가기록물의 존재로 인해 중앙을 중심으로 이해되어 왔다. 반면 민간의 일상생활에 대한 이해나 연구는 관심을 덜 받았다. 다행히 한국국학진흥원은 일찍부터 민간에 소장되어 소실 위기에 처한 자료들을 수집하고 보존처리를 통해 관리해 왔다. 또한 이들 자료를 번역하고 연구하여 대중에 공개했다. 그리고 이러한 민간기록물을 활용하고 일반에 기여할 수 있는 방법으로 '전통시대 생활상'을 대중서로 집필하는 방식을 통해 생생하게 재현하여 전달하고자 했다. 일반인이 쉽게 읽을 수 있는 교양학술총서를 간행한 이유이다.

　총서 간행을 위해 일찍부터 생활사의 세부 주제를 발굴하는 전문가 자문회의를 개최하고, 전통시대 한국의 생활문화를 가장 잘 구현할 수 있는 핵심 키워드를 선정하였다. 전통생활사 분류는 인간의 생활을 규정하는 기본 분류인 정치·경제·사회·문화로 지정하였다. 이를 기반으로 매년 각 분야에서 핵심적인 키워드를 선정하여 집필 주제를 정했다. 금번 총서의 키워드는 정치는 '관직생활', 경제는 '농업과 가계경영', 사회는 '가족과 공동체 생활', 문화는 '유람과 여행'이다.

　분야마다 5명의 집필진을 해당 어젠다의 전공자로 구성하였다. 서술은 최대한 이야기체 형식으로 다양한 사례를 풍부하게 녹여 달라고 요청하였다. 특히 어디서나 간단히 들고 다니며 읽을 수 있도록 쉽게 서술해 줄 것을 부탁하였다. 그러면서도 본 총서는 전문연구자가 집필했기에 전문성 역시 담보할 수 있다.

　물론 전문적인 서술로 대중을 만족시키기는 매우 어렵다. 그래서 원고 의뢰 이후 5월과 8월에는 각 분야의 전공자를 토론자로 초청하여 2차례의 포럼을 진행하였다. 11월에는 완성된 초고를 바탕으로 1박 2일에 걸친 대규모 학술대회를 개최하였다. 포럼과 학술대회를 바탕으로 원고의 방향과 내용을 점검하는 시간을 가졌다. 원고 수합 이후에는 책마다 전문가 3인의 심사의견을 받았다. 2023년에는 출판사를 선정하여 수차례의 교정과 교열을 진행했다. 책이 나오기까지 꼬박 2년의 기간이었다. 짧다면 짧은 기간이다. 그러나 2년의 응축된 시간 동안 꾸준히 검토 과정을 거쳤고, 토론과 교정을 진행하며 원고의 완성도를 높이기 위해 분주히 노력했다.

전통생활사총서는 국내에서 간행하는 생활사총서로는 가장 방대한 규모이다. 국내에서 전통생활사를 연구하는 학자 대부분을 포함하였다. 2022년도 한 해의 관계자만 연인원 132명에 달하는 명실공히 국내 최대 규모의 생활사 프로젝트이다.

1990년대 이후 폭발적으로 증가했던 일상생활사와 미시사 연구는 근래에는 학계의 관심이 소홀해진 상황이다. 본 총서의 발간이 생활사 연구에 다시 활력을 불어넣는 계기가 되기를 기대한다. 연구의 활성화는 연구자의 양적 증가로 이어지고, 연구의 질적 향상 또한 이끌 것이다. 그렇게 된다면 전통문화에 대한 대중들의 관심 역시 증가할 것으로 기대된다.

본 총서는 한국국학진흥원의 연구 역량을 집적하고 이를 대중에게 소개하기 위해 기획된 대표적인 사업의 하나이다. 참여한 연구자의 대다수가 전통시대 전공자이며, 앞으로 수년간 지속적인 간행을 준비하고 있다. 올해에도 20명의 새로운 집필자가 각 어젠다를 중심으로 집필에 들어갔고, 내년에 또 20권의 책이 간행될 예정이다. 앞으로 계획된 총서만 80권에 달하며, 여건이 허락되는 한 지속할 예정이다.

대규모 생활사총서 사업을 지원해 준 문화체육관광부에 감사하며, 본 기획이 가능하게 된 것은 한국국학진흥원에 자료를 기탁해 준 분들 덕분이다. 이 자리를 빌려 그분들께 다시 한번 감사드린다. 아울러 총서 간행에 참여한 집필자, 토론자, 자문위원 등 연구자분들께도 감사 인사를 전한다. 책의 편집을 책임진 세창출판사에도 감사드린다. 이 모든 과정은 한국국학진흥원 여러 구성원의 노력이 있었기에 가능했다.

2023년 11월
한국국학진흥원 연구사업팀

차례

조선 후기 중앙관청의 행정실무자는 어떤 사람인가

조선 후기의 사회 모습은 전기와는 많이 달랐다. 임진왜란 이후의 사회 변동으로 인해 시장 화폐 경제가 발달하고, 더불어 도시가 확대되었다. 이와 함께 국가통제에서 벗어나는 다양한 유통 경로와 상업망이 생겼다. 조선 전기의 공고한 신분제가 느슨해져 양반층이 늘어났고, 신분 분화가 확대되어, 이른바 "돈 없으면 양반인가? 돈 있어야 양반이지!"라며 그야말로 돈이 있어야 양반 노릇을 할 수 있는 사회가 되었다.

조선은 흔히 법치와 예치로 이루어진 나라라고 한다. 조선의 행정제도도 기본적으로 법과 제도, 인정의 조화로 유지되었는데, 이는 양반층의 다양한 인맥을 인정하고, 경제 및 사회 운영에 이것이 중요한 한 축으로 작용했음을 의미한다. 그런데 이런 조선 국가체제 운용의 중요한 방식이 변화를 맞이했다. 조선 후기의 경제, 사회적으로 급격한 변화가 기존의 네트워크에도 상당한 변화를 가져온 것이다. 기존의 양반 내부의 네트워크에 행정실무를 담당하는 아전, 서리층과 양반 관료층의 긴밀한 네트워크가 추가되면서 다양한 변화 상황을 맞이했다.

이 이야기는 조선 후기 행정체제에서 양반 관료-아전, 서리층(특히 중앙관청의 행정실무를 담당했던 경아전)의 네트워크가 어떤 형태로 나타나는가에 관한 이야기이다. 조선 후기 관료-경아전의 네트워크에서 주목할 점은 크게 두 가지 정도이다. 일단 조선 후기에 급격히 늘어난 양반층이다. 여기에 당색까지 더해지면서 한정된 관료, 관리 자리 때문에 더 치열한 경쟁이 벌어졌다. 또 하나는 경제적인 요인이다. 다양한 상업 유통망, 특히 국가통제를 벗어난 다양한 유통, 상업망이 생기고 이와 함께 또 다양한 네트워크가 증가한 것이다. 이 책에서는 이를 염두에 두고, 관료-경아전의 네트워크에 초점을 맞춘다.

우리 이야기의 많은 에피소드는 일단 황윤석黃胤錫(1729-1791)이라는 영·정조 시기 전라도 홍덕 출신 양반이 겪었던 일들이다. 황윤석은 여러 번 과거에 응시했지만 문과 급제까지는 이르지 못하고, 천거의 방식으로 관료 생활을 시작했다. 조선시대에 관료를 선발하는 방법은 크게 과거제와 음서제蔭敍制가 있는데, 천거는 음서의 방식이다. 황윤석은 지방의 뛰어난 학자를 추천하는 방식인 유일천거遺逸薦擧로 처음 관직에 진출했고, 중앙 여러 관청의 하급 관료와 지방 수령을 지낸 인물이다.

관료와 경아전의 네트워크를 살펴볼 수 있는 좋은 사례가 황윤석이 전생서의 주부로 근무할 때 나타난다. 그는 1786년(정조 10) 4월에 전생서의 주부로 임명되는데, 약 석 달간 근무하다가 전의현감으로 자리를 옮긴다.

그가 근무한 전생서는 고려 때부터 국가 제사에 제물로 쓰이는 짐승(희생犧牲)과 가축을 담당한 기관이었다.

1786년, 황윤석이 주부로 근무할 당시 전생서는 제조 1명, 부제조 1명, 주부 1명, 직장 1명, 봉사 1명의 관료와 여러 서리로 구성되었다. 그의 일기, 『이재난고』에는 그를 둘러싼 주변 상황뿐 아니라 인물 배경, 인물 관계, 당시의 정국 현황 등 다양한 측면의 상황이 종합적으로 드러난다. 특히 이 시기 전생서를 중심으로 형성된 당대의 권력자, 고위 관료와 중앙관청 서리들 간 네트워크가 비교적 소상히 나타나 있다.

조선의 행정체제는 법과 제도, 관행으로 운영되었다. 그런데 조선 후기에 보이는 행정체제에는 관습적인 운용 과정 이면에 인적인 네트워크가 깔려 있고, 이를 기반으로 중앙관청에서 근무하는 사람들의 생존 방식과 삶이 녹아 있다.

따라서 이 책에서는 신분과 직역[1]이 복잡하게 얽혀 있는 조선 후기의 사회에서, 정교하고 체계적인 행정조직과 운영체제 아래 사적인 네트워크가 공식적인 체제 물밑으로 강하게 작용하는 모습을 살펴보려 한다. 이 과정은 조선 후기의 사회 변동과 사적 경제의 발달로 국가통제에서 벗어나는 다양한 유통, 상업망 등 경제적 현상과 함께 구성되어 있다.

이런 현상은 중앙관료층뿐 아니라 각 관청에서 행정실무를 담당하고 있는 경아전층에서도 정치경제, 사회적으로 대를 이어 존속하고 있었다. 또 이 층들은 상호 윈윈 관계를 지속하고 점차 관습화되고 있었다.

1

궁중 목장,
전생서 사람들의
살아가는 법

시골 선비, 드디어 전생서주부가 되다

황윤석의 배경과 관직 이력

　황윤석은 영·정조 대 실학자의 한 사람으로 알려져 있다. 그는 처음에 장릉참봉에서부터 시작하여 여러 중앙관청을 거쳐 목천·전의현감을 지냈다. 특히 그가 쓴 평생의 일기인 『이재난고』는 단순한 개인적 일기라기보다는 자신의 작품집, 관직일지, 공부한 내용의 요약집 및 다양한 인맥과 인물들의 배경이 소상히 적혀 있는 당대의 기록이다. 이런 그의 기록벽 덕분에 그가 살던 사회의 모습을 상세히 알 수 있다. 양반이지만 문과

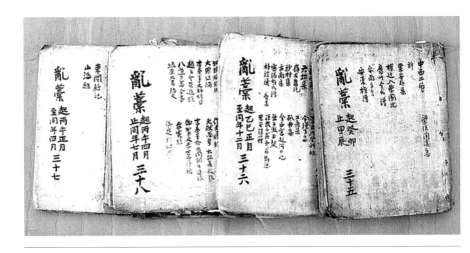

그림 1 황윤석, 『이재난고』(50책, 6,000장, 전라북도 시도유형문화재), ⓒ 문화재청

급제가 아닌 천거 방식을 통해 관직에 진출했기에, 수령 자리를 얻기 위해 눈물겨운 노력을 해야만 하는 처지가 적나라하게 적혀 있고, 그런 가운데 그의 인맥 활용법과 네트워크 관계, 당대 사람들의 인식을 알 수 있다는 점이 『이재난고』의 가장 큰 매력이다.

황윤석은 1757년(영조 33), 진사시에 합격한 뒤, 1766년(영조 42), 장릉참봉으로 처음 관직 생활을 시작했다. 그 뒤에 의영고 봉사, 종부시직장, 사포서별제, 동부도사, 전생서주부 등 중앙 관청의 여러 직책을 거쳤고, 가장 소망하던 수령직은 목천과 전의에서 역임했다.

관계(品階) 및 관직(官職)	나이	재임기간[도목정(都目政) 기준]
장사랑(將仕郎) 장릉참봉(莊陵參奉)	38세	1766. 6.-1768. 6.
조봉대부(朝奉大夫) 행 익위고부사(行翊衛庫副事)	40세	1768. 6.-1769. 6.
봉열대부(奉列大夫) 행 종부시직장(行宗簿寺直長)	41세	1769. 6. 17.-1771. 6. 21.
중직대부(中直大夫) 행 사포서별제(行司圃署別提)	43세	1771. 6. 22.-10. 7.
어모장군(禦侮將軍) 행 세손익위사익찬(行世孫翊衛司翊贊)	48세	1776. 1. 13.-1. 30.
통훈대부(通訓大夫) 행 사복시주부(行司僕寺主簿)	50세	1778. 1. 24.-3. 8.
통훈대부 행 동부도사(行東部都事)	50세	1778. 3. 9.-12. 7.
통훈대부 행 장릉령(行長陵令)	50세	1778. 12. 7.-1779. 8. 18.
통훈대부 행 목천현감(行木川縣監)	51세	1779. 8. 23.-1780. 6. 15.
통훈대부 행 장악원주부(行掌樂院主簿)	56세	1784. 1. 21.-1. 29. 담월(禫月)[3]로 고사.
통훈대부 행 창릉령(行昌陵令)	56세	1784. 1. 29.-2. 8. 담사(禫祀)로 고사.
통훈대부 행 전생서주부(行典牲署主簿)	58세	1786. 4. 8.-6. 28.
통훈대부 행 전의현감(行全義縣監)	58세	1786. 6. 29.-1787. 4. 8.

표1 황윤석의 관직 이력[2]

조선 후기에는 여러 종류의 과거시험이 늘어나서 합격자들
이 급증했고, 황윤석처럼 음사로 벼슬자리에 진입한 자들도 많
았다. 하지만 관직 자리는 조선 전기에 비해 큰 차이가 없었던
탓에 과거에 합격하고도 대기하는 사람들이 늘었고, 기간도 늘
수밖에 없었다. 관직 진출만이 양반으로서의 품격과 집안의 명
성을 이어 갈 수 있는 길이었기에 그야말로 치열한 노력이 필요

했다. 더구나 지방의 수령직은 중앙관청의 하급 관료보다 여러 면에서 생활에 필요한 소소한 상품에서부터 월급에 이르기까지 유리한 점이 많았다. 따라서 황윤석 또한 매번 정기인사 때마다 새로 비게 되는 수령 자리를 파악하고 본인의 위치에서 가망성 있는 곳을 타진하는 데 전력을 다했다.

전생서주부는 황윤석이 목천현감에서 파직된 뒤 오랜만에 다시 시작한 벼슬이었다. 1786년 4월 8일, 이조판서 이명식李命植이 주관한 인사발령에서 황윤석이 부망副望(후보자 3인 중 두 번째 추천)으로 임명된 것이다. 하지만 그해 6월 28일, 황윤석은 정기인사발령에서 말망末望(후보자 3인 중 세 번째 추천)으로 전의현감이 되면서 희망을 이루게 된다. 따라서 전생서주부는 불과 3개월 정도의 짧은 기간만 재임한 셈이다. 그럼에도 불구하고, 가능한 한 빨리 행정업무의 실태를 파악하여 업무와 직책에 충실하려 했던 황윤석의 마음가짐 덕분에, 그는 공식적인 근무 전부터 전생서에 대한 여러 자료를 모으고 상황을 들으며 현황을 파악하고 있었다.

1786년 4월의 전생서주부 임명 소식과 과정

1786년은 황윤석이 목천현감에서 파직되고 7년이 지난 시점이었다. 파직 이후 5년이 지날 무렵인 1784년(정조 8) 1월에 장악원주부로 임명되었지만, 그달은 어머니의 대상을 지낸 후의 담제가 있던 때라 관직에 나아가지 않았다. 곧이어 창릉령에 임명되었지만 담제로 인해 또 나아가지 않았다. 개인적인 사정으로 출사하지 못해서 어쩔 수 없는 심정이었지만, 황윤석은 늘 두고두고 아쉬워했다.

하지만 황윤석이 가장 소원하는 건 다시 수령으로 임명되는 것이었다. 그는 틈틈이 시간을 내어 점을 쳐서 수령으로 나아갈 수 있을지를 알아보았다. 그러던 중 황윤석은 전생서주부로 임명되었다. 공식적인 임명 소식이 황윤석에게 전달되기 전에 먼저 선달 송익채宋益彩가 소식을 알아채고 급히 찾아왔다. 1786년 4월 8일의 일이다. 이날 송 선달이 주변 마을 얘기를 전하면서 아울러 기쁜 소식을 알려 주었다.

"들어보니까요, 이번 인사발령에서 전생서주부가 되셨답니다."

평소에 수령 자리에의 임명에 대한 희망으로 가득했던 황윤석은 자신이 전생서주부로 임명되었다는 소식을 듣자, 한편으로는 오랜만에 출사하게 된 것에 안도하면서도, 또 한편으론 아쉬움을 토로했다. 아마도 고대하던 수령 자리가 아니었기 때문이었을 것이다.

소식을 전달해 준 송 선달은 황윤석의 선대 조상 때 먼 사돈으로 이어진 사람이었다. 원래 이름은 송익빈宋益彬이었는데, 송익채로 개명했다. 담양에 근거지를 두고 있으면서 황윤석 집을 오가며 여러 소식을 전해 주었다. 특히 황윤석이 서울에 시험 보러 온다거나 서울살이를 할 때도 하숙집을 알아봐 주고 급전을 돌려준다던지, 여러 집안과 왕래하는 편지를 전달해 준다던지 여러 일을 보아주고 있었다. 황윤석은 20대 때 첫 서울 나들이를 했을 때부터 당시 서울 서소문 내 관정동에서 숙소를 구하고 있던 송 선달을 찾아가서 이런저런 편의를 구했다. 첫 서울 나들이에서 그는 남대문 밖 서울 서쪽에 있는 주막에서 머물렀다.

송익채와 황윤석 사이에 보이는 친밀한 관계는 그의 조카 송윤대宋允大와 송윤철宋允喆 대에 이르기까지 대를 이어 계속되고 있다. 송 선달에게는 송일운宋日運이라는 형이 있으니, 송일운의 첫째 아들이 바로 송윤대, 둘째 아들이 바로 송윤철이다. 이들 모두와 송익채의 숙부인 송찬욱宋贊旭까지, 이 집안의 대부분이 무과를 보는 방식으로 출사를 구하고 있었는데, 덕분에 『이재난고』에서는 이 모든 사람이 송 선달로 불리고 있다. 이들은 송익채가 하던 여러 일을 나눠서 분담하는가 하면, 송익채가 송윤대나 송윤철에게 각각 일을 시키면서 그 관계가 유지되고 있다. 이처럼 집안끼리 대를 이어 소소한 일을 맡아서 처리하고 편의를 보아주는 관계는 집안끼리뿐만 아니라 지방에서의 서리층들과의 관계, 서울과 지방을 오가는 경저리와의 관계 등에서 다양한 형태로 나타나고 있다. 조선 사회가 인적 네트워크로 복잡하게 중첩되어 있었다는 것을 보여 주는 한 단면이다.

인사발령 관련 문서(고목告目[4])와 인사(산정散政[5])의 내용은 송선달의 방문으로부터 일주일 후에 도착했다. 전생서의 우장치雨裝直[6] 최어둔금과 장무서원 안종혁이 쓴 인사 관련 문서였고, 이조판서 이명식이 주관한 4월 8일 자 인사발령 전체의 내용이었다. 황윤석이 두 번째 순위 추천으로 전생서주부가 되었다는 내용이었다. '첫 번째 추천자(수망首望)는 신대순申大淳, 세 번째 추천자(말망末望)는 김재맹金載孟'이었다.

황윤석은 이에 대해 자신의 심정을 덤덤하게 적고 있다.

"전생서는 더 높은 자리로 올라가는 과정의 자리인데, 아마도 이조판서의 뜻은 원래 수망으로 올라간 신대순이었을 것이다. 하늘의 뜻인지 다행스럽게도 이 늙은 신하를 내버려 두지는 않았구나! 특히 부망으로 낙점된 것은 지난번 장악원주부 때와 마찬가지인데, 지금 또 부망으로 임명되니 가히 상황을 알 만하다. 이미 백발이 되어 시골구석에 스스로 7년간 버려두다가, 겨우 다시 출사하려고 노력한 게 한둘이 아니었는데 참 구차하게 되었구나! 장차 무엇을 어떻게 해야 앞으로 꿈을 이룰 수 있을까? 그저 마땅히 내일 사당에 술과 생선을 간략히 차려서 조상님께 복직을 고하는 수밖에….”

그리고 황윤석은 하늘과 신령과 조상의 지도를 바라며 주역점을 칠 뿐이었다. 여기서 황윤석이 말하고 있는 꿈은 물론 오매불망 그리던 수령 자리였다. 그리고 이런 그의 바람은 주위에서도 모두 잘 알고 있었다.

전생서우장치가 고목을 가져온 날부터 황윤석은 서울로 출발할 준비를 서둘렀다. 먼저 전생서주부 임명 소식을 편지로 여기저기 알렸다. 소식을 들을 주변 지인들이 줄을 이어 찾아와서 축하 인사를 건넸다. 홍덕수령에게도 소식이 전해지자, 수령은 여행에 보태 쓰라며 종이와 편지지 등을 보내왔다. 그는 옷도 준비하고 노잣돈도 준비했다. 그런데 가장 큰 문제가 있었다. 말이었다. 집에 말을 항상 준비하고 있을 정도의 형편은 아니었기 때문에 주변에 사는 아들들과 동생이 여기저기 수소문해서 겨우 말을 구했다. 하지만 말이 병든 상태라 마의를 데려

와서 치료하는 등 어려움을 겪었다. 황윤석은 4월 19일 아침에 드디어 출발했다. 말 두 마리와 두 종 정남과 백귀, 그리고 전생서우장치 최어둔금이 함께 나섰다. 이 중 정남이는 이미 서울에 머물고 있어 실제로는 모두 3명과 말 2마리였다. 이들의 노잣돈은 겨우 15냥이었다.

서울 가는 길은 여느 때와 비슷했다. 서울 가는 노선 중간중간에 여러 지인을 만나서 인사도 하며 정보도 들었다. 태인을 지날 때였다. 태인향청에 들러 좌수 김시흥金時興 등에게 삯을 주고 말을 구할 수 있는지 알아보았다. 그는 여전히 병든 말이 마음에 걸렸다. 그리고 태인수령 이제연李齊淵을 뵙기를 청했다.

태인수령은 황윤석에게 이렇게 말했다.

"지난번 초8일 인사발령을 보니, 이미 주변에서 전생서 주부 자리를 부망으로 복직하게 된 사실을 알고 있더군요. 정말로 내가 이 고을을 얻을 때와 똑같은 상황입니다. 이 어찌 벼슬자리 얻는 공덕이 실로 하늘의 돌보심이 아니겠습니까. 전생서는 제사 때만 아니라면 널널하게 한직처럼 지낼 수도 있고요. 오래지 않아 또 옮길 수 있어요. 조만간 좋은 기회를 만나면, 이미 여러 능묘陵墓 관직을 두루 거치셨으니 그 이력을 잘 준비해서 군수 자리 하나 얻어 남쪽으로 돌아오면 정말 좋겠습니다. 비록 임금을 직접 모시는 자리는 아니지만, 이미 금상의 잠저 시절, 계방桂坊[7]을 맡은 적이 있지 않습니까? 금상은 이미 당신 이름을 안 지 오래되셨을 겁니다. 어찌 고을 하나 얻지 못하겠습니까?"

실제로 황윤석은 1776년(영조 52)에 익찬翊贊을 역임했다. 당시의 상황을 황윤석은 생생히 기억하고 있었다. 1775년(영조 51), 영조가 재위하고 있을 때, 영조는 손자 정조에게 대리청정을 시키고 여러 대신에게 명을 내렸다.

"지금 동궁에게는 계방을 맡길 실력 있는 유자들이 한둘이 아니라 생각한다. 마침 동궁은 학문을 좋아하는데, 계방에 합당한 인물이 혹시 많지 않다면 참상參上 참하參下를 막론하고 모두 선발하는 것이 좋겠다."

이 명령에 따라 이운영李運永은 익위翊衛, 김이안金履安은 사어司禦, 이민보李敏輔와 안정복安鼎福은 익찬翊贊이 되었는데, 이들은 모두 참상직이었다. 또 심정진沈鼎鎭, 홍대용洪大容 등은 참하직이었다. 모두 세자익위사 소속이 된 것이다. 다음 해 1월이 되자 서명선이 병조판서가 되었다. 이와 함께 이민보가 지방 수령으로 나아가면서 그 익찬 자리에 황윤석이 임명되었다. 원래 세자익위사는 세자를 호위하는 것이 주된 임무였다. 따라서 세자가 궁궐 밖에 거둥을 나설 때 앞에서 세자를 인도하고, 강학講學이나 회강會講할 때 섬돌 아래에 서서 세자를 모시게 되어 있었다. 세자익위사는 병조 소속의 정5품 관청으로 무반이지만, 왕세자를 가까이에서 돕고 이끄는 의미가 컸기 때문에 학문이 뛰어나고 실력 있는 자들이 배치되는 경우가 많았다. 황윤석도 이 위치에서 한몫한 것이다.

이런 사실을 알고 있던 태인수령이 고맙게도 황윤석이 소망하고 있는 걸 정확히 꿰뚫고 위로해 준 것이었다. 전생서주부 자리는 그리 힘든 자리도 아니며, 더 좋은 점은 황윤석의 경력이라면 바로 수령 자리 하나 얻기가 그다지 어렵지 않다는 이야기였다. 이처럼 주변에서도 황윤석의 소망을 알아볼 만큼 그의 소망은 간절했다.

태인수령이 언급했던 것처럼 전생서는 고려 때부터 조선시대에 이르기까지 국가 제사 등에 쓰는 희생과 가축 사육을 담당한 중앙관청이다. 조선 초에는 '전구서典廐署'라고 했다가 곧 '전생서'로 이름이 바뀌었다. 관청 건물은 남대문 밖 남산의 남쪽 둔지방에 위치했다.

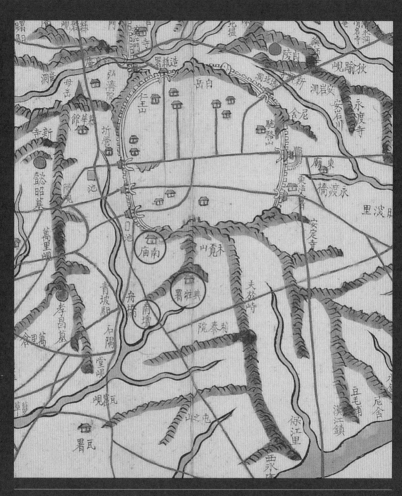

그림 2 　전생서 위치 지도, 《동여도東輿圖》〈경조오부도京兆五部圖〉, 서울역사박물관 소장

『경국대전』의 규정을 보면 전생서는 이조 소속의 종6품 아문이고, 겸직 가능한 제조 1명과 종6품의 주부 1명, 종7품의 직상 1명, 종8품의 봉사 1명, 종9품의 참봉 2명, 서리 8명, 고직庫直 3명과 사령으로 구성되었으며, 연산군·명종 시기에는 직장, 봉사 등의 인원 조정이 있었다. 황윤석이 전생서주부로 재임했던 1786년에는 제조 1명, 부제조 1명, 주부 1명, 직장 1명, 봉사 1명과 여러 서리 등이 근무했다. 그리고 1797년(정조 21)에는 전생서의 승격이 이루어졌다.

영조는 조선 국왕 중 처음으로 성생省牲[8]을 직접 거행하기 시작했는데, 이로 인해 장생령掌牲令의 품계를 임금의 친행親行에 걸맞게 해야 할 필요가 있다는 문제가 부각되었고, 결국 1797년, 정조가 주부를 판관으로 승격시킴으로써 전생서는 종5품 관청이 되었던 것이다. 이후 1865년(고종 2)에 만들어진 『대전회통』에서는 전생서의 직제가 제조 1명, 판관 1명, 직장 1명, 부봉사 1명으로 정리되었다가, 1894년(고종 31)에는 관제개혁으로 전생서가 폐지되었다.

이런 법적인 규정 외에 실제로 운용되고 있는 상황을 살펴보자. 다음은 흥덕으로 내려왔던 우장치 최어둔금이 황윤석에게 알려 준 정보이다. 그는 전생서의 세 관원인 주부, 직장, 봉사가 담당하는 업무에 대해서 전반적으로 알려 주었다.

"전생서에는 선생예목先生禮木이 없습니다. 그래서 신임 관리라고 해서 굳이 전임자에게 예물을 전달할 필요는 없지요. 주부는 소를 담당하는데요, 매번 맹삭·중삭대 제 때 희생을 담당하는 장생령 신분으로 문서를 받들어 가지고 가서 소를 바치고 아뢴 다음에 물러납니다. 임 금이 친림할 때 희생을 검사하는 일이 정말 중요하죠. 어전에 재빨리 서서 재배하고 재빨리 물러나 소를 구석 으로 돌려 '돌'이라 외치고 나오면 곧 소가 도착합니다. 그러면 봉상관奉常官, 전사청典祀廳이 교대로 이를 확인 하고 물러나죠. 또 다른 건요, 전생서에서 돌보고 있는 소는 35-36필입니다. 호조에서 1년에 황두 1,800여 석 을 지급받아 먹이는데요. 이것이 주부의 소관입니다. 이게 끝입니다. 공물주인과는 서로 간섭하지 않기 때 문에 관원이나 담당 서리가 이익을 얻을 게 없습니다. 직장은 양을 담당합니다. 우리나라에서 양 기르는 것이 그리 번성하지 못해서 선대 임금 때부터 연경 시장에서 무역하는 방법을 써 왔습니다. 봉사는 돼지를 담당합니 다. 이 두 부서는 모두 공물주인이 소속되어 있어서 양 담당 서원은 1년에 300-400냥을 얻고요. 돼지 담당은 이만큼은 아니지만, 또한 족히 두 번째는 됩니다."

우장치는 이처럼 전생서주부, 직장, 봉사의 업무를 간략히 설명해 주었다. 무엇보다 신임관료가 전임관료에 바치는 일명 '신참례' 같은 것이 전생서에는 없다고 알려 주었는데, 덕분에 황윤석의 부담은 좀 덜어졌다. 신참례나 선생예목 같은 건 대체로 그 관청의 특수성 때문에 군기가 세거나 권력이 있거나 등등의 이유로 조선시대 내내 없어지지 않는 불합리 중 하나였다. 이런 사회에서 전생서에서는 아예 선생예목 같은 신참례가 없었다는 건, 다른 측면에서 보자면 관료들이 그다지 선호하지 않는 관청이란 소리이기도 하고, 권세나 경제적 이권이 없다는 뜻이기도 하다. 중앙관청에서 중심적인 역할을 하는 관리들은 서로 품계를 달리하지만 맡은 업무가 대개 분리되어 있었다. 전생서의 경우도 소, 양, 돼지라는 희생을 담당하는데 이를 층층으로 관리하는 방식이 아닌 각각의 업무를 나누어 담당하고, 또 번을 서는 것 또한 나눠서 하고 있었다. 물론 주부가 전생서의 중심적인 실무 책임자여서 국가 제사 때 장생령 역할을 하기는 했지만, 그와 함께 '소=주부, 양=직장, 돼지=봉사'라는 방식으로 각각 담당했다. 이런 분담 방식은 조선시대 중앙과 지방의 여러 관청이 비슷한 양상을 보인다.

우장치는 또 중요한 현상을 알려 주었다.

"본서의 3관[주부, 직장, 봉새은 사대부 중 서얼들이 주로 드나드는 자리입니다. 전임 주부는 남파수南坡秀였는데요, 고 홍덕수령 남중관南重寬의 아들이자 서얼이었습니다. 진사로 관직을 시작한 뒤 주부로서 3년을 지냈죠. 지난 4월 5일, 김이소 대감이 이조판서일 때 사근찰방을 얻어 나갔습니다요. 남파수의 전임관은 우의정 이복원의 둘째 아들 이만수입니다. 주부를 맡은 지 오래지 않아 외방에 군을 얻어 나갔습니다. 이만수의 전임관은 능주수령 김이기인데 발령받은 지 4개월 만에 서원현감을 얻어 나갔지요."

전생서의 세 관리는 주로 서얼들이 많이 제수하는 자리라고 하면서 그 사례로 전임관들의 예를 들고 있다. 전생서주부 전임관 세 명 중 한 명이 서얼 출신이다. 아마도 봉사나 직장 자리라면 서얼이 더 많았을 것으로 보이는데, 황윤석이 맡게 된 것은 주부 자리인 만큼 전임 주부들을 나열하니 3분의 1만 서얼 출신이 된 듯하다. 하지만 또 하나 중요한 점이 있다. 서얼 출신은 3년을 채우고 찰방직으로 나갔지만, 우의정을 아버지로 둔 이만수나 안동 김문의 김달행을 아버지로 둔 김이기 같은 인물은 몇 달이 지나지 않아 모두 수령 자리를 얻어 나갔다. 물론 황윤석도 몇 달 지나지 않아 전의현감으로 자리를 옮긴다. 전생서의 세 관직이 사대부 서류들의 통과 자리라고 하지만, 서류들을 적자 양반이나 권세가의 자제들과 비교했을 때 승진에 차이를 보이고 있음은 분명하다. 황윤석의 경우는 이미 목천현감을 거쳤고, 장릉령이나 창릉령에 임명된 경력이 있기 때문에 바로 이어진 정기인사에서 전의현감으로 나아갈 수 있었다. 비단 서얼과 적자의 차이뿐 아니라 행정체제가 실제로 적용되는 걸 보면 엄연히 차이가 존재한다. 가장 먼저 눈에 띄는 건 문과 출신자이냐 음관 출신자이냐이다. 승진 가능한 최소한의 근무일수를 산정하는 방식 등에서 차이가 난다. 정조 때가 되면 한정된 관직 자리에도 불구하고 서얼 출신들에게도 그 통로가 열리면서 그 이면에 작용하는 네트워크는 더 치열해질 수밖에 없는 구조였다.

우장치의 말처럼 황윤석의 주변에서 그를 위로하면서 전해 준 정보들이 거의 들어맞았다. 전생서주부 자리는 곧 수령 자리로 이동하기 쉬우며, 수령으로 가기 위한 그나마 수월한 통로였다.

전생서 근무자들

제조와 부제조

전생서제조는 겸직이 가능한 자리였다. 황윤석이 전생서 주부에 임명될 당시 전생서제조는 공조판서 이문원李文源이었다. 이문원은 1771년(영조 47), 정시 문과에 급제한 이후 관직을 시작했다. 아버지는 영의정을 지낸 이천보李天輔이고, 여러 판서직을 두루 거치며 정조 때 활약했던 인물이다. 황윤석을 맞이하러 갔던 우장치가 같이 서울로 올라올 때 동행하면서 전생서제조에 대해서도 이런저런 이야기를 알려 주었다.

> "전생서제조는 공조판서 이문원 대감입니다. 이 대감
> 은 상의원, 선공감, 전생서 등 세 관청의 제조를 겸직으
> 로 맡고 계시니 임금께서 중히 생각하는 사람이지요."

우장치의 생각은 이문원은 정조가 귀중하게 생각하는 인재이기에 공조판서뿐 아니라 상의원, 선공감, 전생서 등 세 관청의 제조를 맡겼다는 것이었다. 정국이 돌아가는 사정을 깊이는 알 수 없더라도 중앙관청 서리들의 정보망은 무시할 수 없는

수준이다. 이런 생각에 더 확증을 보여 주는 일이 있다. 황윤석이 전생서 근무를 시작할 무렵 이문원은 또 약방제조까지 겸하게 되었다. 고위 관식의 점식이 많은 건 조선시대의 특징이기도 하다. 이문원의 경우를 보자면 상의원, 선공감, 전생서, 약방 등 중앙관청 네 곳의 책임자에 공조판서까지 겸하게 된 것은 행정 운영상의 효율 문제와 비용 문제도 있지만, 특정 인물이나 집단이 정국을 독점하게 되는 결과를 초래한다.

이문원이 전생서제조인 만큼 황윤석의 주변에선 그에 대한 정보가 쏟아져 들어왔다. 황윤석이 서울에 도착하여 만나러 간 송재악宋載岳은 길주목사를 지낸 인물이다. 그는 송규연宋奎淵 집안의 서자 출신인데 황윤석과 왕래가 잦았다. 송재악은 이문원에 대해서 이렇게 소개했다.

> "전생제조 이문원은 고 상신 이천보의 아들입니다. 양외할아버지는 재월당 송규렴宋奎濂 씨의 둘째 아들 송상유宋相維이지요. 본생 외할아버지는 동춘 송준길 댁 후손 송지연宋趾淵입니다. 잠깐 위태로운 때가 있었는데요, 근년에 임금께서 믿고 신임하셔서 3년 내 세 번의 가자加資로 공조판서가 되었죠."

송재악 자신의 집안과 이문원 집안이 윗대에 사돈 관계가 있으니 자세히 얘기해 줄 수 있었던 것이다. 그는 이문원이 겪은 고비와 공조판서가 될 때까지의 과정을 잘 알려 주었다.

하지만 곧 이문원이 맡은 약방제조직에 문제가 생겼다. 문효세자의 사망으로 인해 약방제조를 맡은 이문원이 탄핵을 받은 것이다. 이런 상황에서 성문 동쪽 막차에서 대죄待罪하고 있는 이문원을 대면해야 하는 신임관료 황윤석은 어정쩡한 처지가 되었다. 이미 약방, 상의제조에서는 체직되었지만 아직은 공식적으로 전생제조였던 까닭이다. 전생서직장 정동철鄭東喆은 말을 달려 막차로 가서 뵙기를 청했지만 거부당했다. 후일에 다시 보도록 하자는 전갈이 있었다. 이는 정동철이 이문원과의 관계로 인해 찾아갈 수밖에 없었던 상황이 작용했던 것 같다.

이런 혼란 속에서 황윤석은 또 재미있는 정보 하나를 적고 있다.

> "이문원이 영남에서 교체되어 가평 농장으로 돌아와 있을 때 그 농장의 수확이 좋아서 여섯 아들을 잘 교육시켰는데, 모두 문재가 있다고 한다. 하지만 술을 좋아하고 진중하게 행동하지 않으니 일이 결국 이 지경에 이르렀다고 한다."

물론 들은 내용을 적고 있기는 하지만 이문원이 술을 좋아하고 진중하지 못하다는 인물평은 의외이다. 당시에는 왕세자의 사망으로 재궁이 설치되고, 정조가 직접 나서서 매 절차를 일일이 점검하고 있었으며, 그 과정을 주변에서는 열심히 기록하는 중이었다. 이 상황에서 약방제조라는 책임을 물어 탄핵받은 이문원에 대한 부정적 평가이다. 정조의 신임으로 여러 개의 겸직을 맡았지만, 하루아침에 사직뿐 아니라 탄핵까지 받게 된 상황은 단순히 신임의 문제는 아니었을 것이다. 이미 당색 간에 암투가 계속되고 있는 상황에서 왕세자의 사망이라는 변수가 작용한 까닭에 이를 빌미로 정국이 급변하면서 각 인물에 대한 평가에도 영향을 끼친 것이라고 볼 수 있다.

　결국 전생서제조는 형조판서 김이소金履素로 교체되었다. 김이소는 영의정 김창집金昌集의 증손으로, 안동 김문의 주요 인사였다. 정조 때 여러 판서를 두루 지냈고, 영돈녕부사로 관직을 마친 인물이다.

　황윤석은 한 가지 의문점이 생겼다. 그것은 바로 김이소 역시 당시에 형조판서 겸 약방제조를 맡고 있었다는 데서 비롯되었다. 그는 문효세자에게 천연두 증세가 나타나기 직전에 본가에서 천연두 증세를 보이는 사람이 있다며 약방제조를 그만두려 했다. 그러다가 동궁이 곧바로 증세를 보이자 정조는 김이소가 사직하지 못하게 했다. 그런데 동궁이 결국 사망한 뒤 그는 약방제조로서의 죄를 물으라는 소리를 면하고 오히려 전생서 제조가 되어 다시 돌아왔다는 사실이다.

"세상일이 모두 하늘에 달렸으니, 어찌 사람의 힘으로 받아들일까?"

김이소의 임명을 이해할 수 없다는 반응이다. 이문원과 김이소가 똑같이 약방제조였지만 이문원은 탄핵을 받고, 김이소는 체직되지 않고 전생서제조 자리로 온 것이다.

실질적 책임자인 종6품 주부가
7품의 직장과 8품의 봉사와 함께 일을 나누다

전생서직장 정동철

황윤석은 함께 근무하게 될 전생서의 직장과 봉사에 대해서도 미리 정보를 파악하고 있었다.

"직장 정동철은 고 상신 정홍순鄭弘淳의 조카이다. 동평위東平尉 정재륜鄭載崙[9] 집안의 후손이 되는데, 지금 전석동구궁石洞舊宮에서 거주하고 있다고 한다. 돌려서 들으니 정 직장이 나에게 사은숙배하자마자 먼저 번을 서라고 요구한다고 한다."

첫 대면이 있기 전부터 번을 서고 숙직하는 일을 부탁할 거라는 소리가 먼저 귀에 들려오고 있었다. 이후 정동철을 대면하는 자리에서 그가 자신을 소개하며 가장 먼저 꺼낸 말은 황윤석이 파악한 정보와 같았다.

"저는 고 대신 정홍순의 당질되는 사람입니다."

그런데 그 말투가 너무 어눌해서 황윤석은 자신이 겨우 알아들을 정도였다고 첫인상을 적고 있다. 조선시대 때 자신을 소개하는 첫 대면의 자리에서는 대개 자신의 이름과 거주지를 말했다. 하지만 요즘처럼 이름과 직업 등 오로지 나에 대해서만 설명하기보다는 자신 주변의 관계를 설명하는 경우가 많았다. 그것도 집안의 뛰어난 인물이나 고위직 인사를 중심으로 설명했는데, 사돈에 팔촌, 이웃사촌까지도 들먹이며 자신을 소개하곤 했다. 정동철의 경우도 예외는 아니었다. 황윤석과의 첫 대면뿐 아니라 어느 누구를 만나더라도 자신을 소개할 때는 정홍순을 언급했다. 말이 어눌했다는 첫 대면과 대면에 앞서 먼저 들려온 이야기가 입번 부탁이었다는 등의 말들은 일단 그에 대한 황윤석의 첫인상이 좋지 못했을 것이라는 사실을 의미한다. 황윤석과 가깝게 지냈던 승지 정경순鄭景淳이 자신의 집안사람인 정동철에 대해서 언급한 부분을 보면 그 인물의 사람됨보다는 그저 전생서의 근무환경에 주목해서 말하고 있다.

황윤석이 회현동에 사는 정경순을 방문했을 때이다.

> "지난번 족질인 동철이의 말을 들으니, 전생서라는 관청
> 이 한가한 자리는 아니라고 하던데. 수고가 많겠구먼."

이렇게 전생서가 한직이라는 통념과 반대되는 말을 실제로 근무하고 있는 현직자의 말을 인용해서 전하고 있다. 자신의 집안사람이니 나쁘게 말하지도 않았겠지만 황윤석을 잘 알고 있는 상황에서 위로 겸 격려하는 발언이었을 것이다.

황윤석의 첫인상은 도사都事 김이유金履裕를 만났을 때 또 한번 확인된다.

> "전생직장이 정동떨이지요?"
> "어떻게나 그 말이 어눌한지 좀 그렇죠."

"지난번 윤대입시輪對入侍[10] 때 자기 직책이랑 이름을 말하고 전하의 질문에 대답을 아뢸 때였는데요. 말하는게 이 모양이라 '철' 자 하나를 제대로 발음하지 못해서당시에 분명히 말이 나왔습니다. 한꺼번에 상하 모두가 조롱하지 않은 자가 없었답니다. 그 사람이 병이 있는 것은 아니지만, 다만 우리 집에서는 마땅히 상종하지 않을 뿐입니다. 때때로 여러 모임에 나와 있어도 어느 곳이건 만나지 않아요. 그자는 이미 우리가 그러는걸 알고 나 또한 그자가 그런 걸 알아서, 사람들로 꽉차 있는 넓은 광장이라 하더라도 나는 쳐다보지 않고피해 버리죠. 그자와 나, 두 사람은 서로 맞서는 관계라서 내가 먼저 피해 버립니다."

김이유는 정동철의 또 다른 한 면을 꼭 짚어서 언급한다.

"전생서 직장은 마땅히 정말 좋은 자리고 이로운 자리입니다. 나중에 들으니까 그 집에 한 청지기가 비밀리에 우리 쪽 배사령陪使令을 불러내서 전생서 내에 어떤담당이 가장 이문이 남는 자리인지 물어보았다고 하네요. 대개는 당상에 의지하고 싶어 하지만, 다 떨쳐 내고 그 자리를 맡았답니다."

　김이유는 전생서제조로 온 김이소의 동생이다. 직접 거론한 것처럼 김이유나 김이소 집안과 정동철이 껄끄러운 건 사실이었다. 아예 상종하지 않는다고 스스럼없이 내뱉는 광경을 보면 정동철과 새로 온 제조 김이소 역시도 좋지 않은 관계였음을 짐작할 수 있다. 그리고 정동철이 자기 집안의 정홍순을 말끝마다 내세우는 것을 보면 자신의 직책 또한 이로운 자리, 뭔가 경제적 이득을 볼 수 있는 자리를 물색해서 선택하고 있다는 느낌이 든다.

　앞서 우장치가 전생서주부에 대해 설명해 줄 때, 주부 자리는 공물주인과 관련이 없어서 관원이나 서리가 이익이 없다는 사실과 직장과 봉사는 양과 돼지를 담당하며 공물주인이 소속되어 있어서 양을 담당하는 경우, 1년에 300-400냥을 얻을 수 있다고 한 점을 연결시킬 수 있겠다. 김이유가 짚어 준 대로 전생서직장 자리는 전생서 자리 중에서도 가장 경제적 이득을 볼 수 있는 '이로운 자리'였고, 이를 정동철이 꿰찬 것으로 볼 수 있겠다.

　정동철의 성격과 인물됨을 볼 수 있는 사례도 여럿 보인다. 처음 황윤석이 돌려 들었던 얘기처럼 정동철은 황윤석이 사온

숙배도 하지 않은 시점에 입번 얘기부터 흘렀는데, 생각이 바뀐 것인지 처음에는 황윤석에게 번을 서라고 했다가 또 자기가 입번하겠다고 우기는 상황도 벌어졌다. 같이 근무하고 있으면서 서로 날짜를 교대하여 번을 서는 것이 관례인데, 오늘은 이런 사정, 내일은 저런 사정 핑계를 대며 황윤석에게 미룬 경우도 다수 보인다. 이런 태도 때문에 이미 봉사 이흡과의 관계도 서로 좋지 않았다.

전생서는 희생을 담당하는 관청이기 때문에 여러 능에 파견되는 경우가 허다했다. 주부, 직장, 봉사 등이 그때그때 차출되었는데, 정동철은 이미 목릉 제사에 제관으로 결정되었음에도 불구하고 서리에게 제관 차출에서 빠지도록 수를 써 보라고 명령을 내리기도 했다. 이 때문에 전생서 안팎에서는 정동철에 대한 좋지 않은 평가뿐 아니라, 자기 이익만을 챙기는 태도, 혹은 자기가 하기 싫은 일을 남에게 떠맡기는 등의 태도가 늘 입에 오르내리고 있었던 것이 사실이다. 특히 그의 말하는 태도가 어눌하다거나 자신에게 배당된 일을 남에게 떠넘기고 아전에게 명해서 제관 차출에서 빠지려고 손쓴다는 등의 언급이 많았다는 것은, 결국, 당시 사람들로부터 높은 관직, 책임 있는 직책에 나아가기 어려운 사람, 눈앞에 보이는 이익만 챙기는 사람이라는 평가를 받았다는 뜻이다. 한마디로 그 정도의 그릇밖에 되지 않은 사람이라는 것이 그에 대한 공통적인 인물평이었던 것으로 보인다. 하지만 정동철에 대한 평가가 '일 처리를 잘한다'거나 '실력이 있다'는 등의 반응이 아님에도 불구하고, 정동철의 이런 행동이 용인되고 있었다는 사실은 결국 그를 둘러싼 네트워크가 어느 정도까지는 힘이 있었다는 방증이기도 하겠다.

전생서봉사 이흡

황윤석이 주부로 임명될 당시 전생서봉사는 이흡李熻이었다. 황윤석은 직장 정동철에 대해서와 마찬가지로 이흡에 대해서도 정식 근무 전부터 많은 얘기를 들었다. 이흡은 본관이 양성이고 충주 사람이었다. 서얼 출신으로 충의忠義[11]가 되었고, 예빈시참봉을 거쳐 전생서봉사가 되었다.

이흡과 황윤석은 초면부터 큰 거리감은 없었다. 이흡은 보학에 밝아서 오랫동안 선원보 만드는 일을 담당해 왔는데, 일단 황윤석과 관심사가 비슷했다. 처음 만나는 자리에서부터 이흡은 족보 이야기를 꺼냈다. 또 황윤석이 관심 있어 하는 이만운李萬運의 근황에 관해서도 얘기했다. 이만운이 삼청동에 머물면서 『교보문헌비고校補文獻備考』 70여 권을 몇 년 동안 만들고 있는데 아직도 미완성 상태라고 전했다. 그중에 「신증씨족고新增氏族考」 부분은 사대부 명가의 선대 계보를 알게 될 기회가 될 거라며 흥분을 감추지 않았다. 그 내용에는 여러 집안 문서가 수록될 거라고 하면서 정말 다행스러운 일이라고 했다. 이흡은 지금 알려진 성씨의 여러 본관이 착오가 많다며 자신의 의견을 피력했고, 황윤석 집안의 성씨에 대해서도 큰 관심을 나타냈다. 그는 조중운趙仲耘의 『씨족원류氏族源流』, 『한성부호적』, 지역의 주요 성씨 계보 등 족보의 다양한 흐름과 연원에 대해서도 해박한 지식을 드러냈다.

> "요즘엔 성씨의 본관에 사기가 많은 것 같습니다. 이씨는 완산을 모칭하고 있고, 김씨는 광산을 모칭하고 있지요. 하지만 천한 출신들이 많아서 보학을 기피하고 있어요. 족보를 모으고 정리하는 것을 서둘러야 하지만 애석하게도 상식이 부족하니, 우리나라 고금의 여러 족보를 연구할 생각을 가지고 있습니다. 요즘에 볼만한 족보는 임경창任慶昌의 『성원총록姓苑叢錄』이 있고요. 재상 중에는 유척기兪拓基 대감이나 이의현李宜顯 대감이 보학에 해박하고 편집한 자료들도 많이 보유하고 계십니다."

이흡의 관심사는 여기에 그치지 않아서 황윤석은 이를 관심

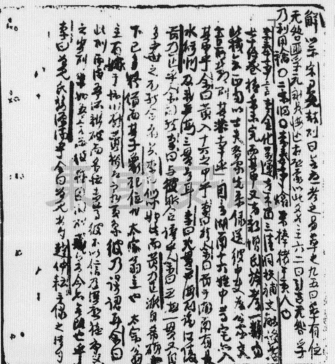

그림 3 『이재난고』부분, 한국학중앙연구원 장서각 소장

그림 4 『동국문헌비고』, 고려대학교 민족문화연구원 해외한국학자료센터 제공

있게 기록하고 있다. 족보 기록, 과거 기록, 국조문과방목國朝文科榜目, 생진방목生進榜目, 대신록大臣錄, 문형록文衡錄, 한림록翰林錄, 공신록功臣錄, 청백리안淸白吏案, 유현사우록儒賢師友錄, 문장명필 기록, 별호총록別號摠錄, 야사, 선원보璿源譜, 문집소설총록文集小說摠錄 등이라고 하는데, 이 또한 다른 날 국사와 관련된 것으로 족히 보충할 수 있는 자료들이라 했다.

이흡의 이런 성향은 황윤석의 기록벽과 유사해 보인다. 그는 특정 주제에 대한 전체의 기록을 수집하고 편집하여 정리하는 데 취미가 있었다. 전생서는 한직 자리로 알려져 있고, 때때로 바쁘기도 하지만 근무하면서도 이처럼 자신의 관심사에 집중적으로 몰입하는 데 큰 무리가 없었던 것으로 보인다. 따라서 황윤석과는 무난한 관계를 유지하고 서로의 관심사를 공유했다. 오히려 이흡이 황윤석 집안 계보에 대한 관심을 보이며 내심 애써서 정리해서 황윤석에게 보내 주기도 했다.

전생서의 아전들: 서원, 고직, 사령, 우장치

『경국대전』에는 전생서의 서리가 8명, 창고지기(庫直)가 3명, 이 외에 사령이 있다고 되어 있다. 『속대전』에는 전생서의 서리를 서원書員으로 직분을 내린다고 하였다. 그러나 황윤석의 기

역할	이름	업무	거주지	관계	비고
수리(首吏)	엄성관(嚴性觀)	여목색집리(餘木色執吏)	사온동(司醞洞)	영의정 서지수(徐志修)의 청지기[廳直]	
2	신성표(申星杓)	우색집리(牛色執吏)	정동(貞洞)	판서 황경원(黃景源)의 청지기	
3	최치기(崔致驥)	우색수종(牛色隨從)	죽전동(竹廛洞)	판서 서호수의 청지기	
4	김호원(金浩元)	여목색수종(餘木色隨從)	생사동(生祠洞)	판서 이재협(李在協)의 청지기	윤직(輪直)
5	장복한(張福漢)	저색집리(猪色執吏)	송이교(松耳橋)	판서 이성원(李性源)의 청지기	
6	김광집(金光集)	양색집리(羊色執吏)	입정동(笠井洞)	판서 엄숙(嚴璹)의 청지기	
7	이의형(李義亨)	저색수종(猪色隨從)	포십동(捕什洞)	판서 홍양호(洪良浩)의 청지기	
8	유택성(劉澤成)	양색수종(羊色隨從)	묵동(墨洞)	판서 홍양호의 청지기	
장무(掌務)	안종득(安宗得)	고색집리(羔色執吏)	이조 앞	판서 김이소의 청지기	
수고직(首庫直)	정이원(鄭履元)	저색	이현(梨峴)	판서 이연상(李衍祥)의 청지기	
	윤재신(尹在莘)	우색	니현(泥峴)	판서 홍양호의 청지기	
	김인광(金仁光)	양색겸료색(羊色兼料色)	회현동	참판 이경양(李敬養)의 청지기	
제조색구 (提調色丘)	황용대(黃龍大)	하인	내자동		
구종(丘從)	김이남(金利男)	공인	다방동(多方洞)		
주부배사령 (主簿陪使令)	김삼금(金三金)		동구내 앞 [洞口內前]	판서 최숙(崔璹)의 하인	
우장치(雨裝直)	최어둔금(崔於屯金)	공인	산림동(山林洞)		
직장배사령 (直長陪使令)	김수조(金壽祚)		사동(社洞)	판서 홍양호의 하인	
우장치	김춘목금(金春目金)	공인	계산동(桂山洞)		
봉사배사령 (奉事陪使令)	신도흥(申道興)		재동(齋洞)	판서 심수(沈鏽)의 하인	
우장치	김동이(金同伊)	공인	광통교		
유사사령 (留司使令)	최세중(崔世重)		본서 앞 [本署前]		

표 2 (전생서) 서리하인급명단 및 거주지(員役姓名居住)[12]

록에서는 서리와 서원을 혼용하고 있다.

【표 2】를 보면 수리 엄성관으로부터 양색수종으로 되어 있는 유택성까지의 8명이 법전에 기재된 전생서의 서원임을 알 수 있다. 또 법전으로 알 수 있는 인원은 고직 3명, 사령은 4명까지인데 그 외에도 상당히 많은 인원이 있다. 장무서원을 비롯하여 구종, 우장직 등이 있는데 사령의 숫자를 제외하고도 모두 6명이 늘어난 상태다. 전체적인 인원 배치를 보면 여목색, 우색, 양색, 저색에 각각 2명씩 배치되어 있고, 요색料色은 겸하고 있으며, 장무서원 한 사람이 양색 소속으로 되어 있다. 그리고 제조, 주부, 직장, 봉사를 수행하는 사령 4명, 유사사령 1명, 공인이 4명, 하인이 1명으로 기록되었다.

특이한 점은 법전에 기재되지 않은 인원 중 4명이 공인이라는 것이다. 이들은 전생서의 구종이나 우장치를 맡으며 전생서 소속으로 편제되어 있다. 그들은 공물을 조달해 주고 또 한편으로는 전생서의 업무 연락을 돕는다든가 관원들의 심부름을 하는 등의 일을 하고 있다. 따라서 그 편제 속에서 공인에 대한 대우를 짐작할 수 있다.

또 간과해서는 안 되는 부분이 이 서리들의 위치이다. 구종, 우장치, 유사사령을 제외한 모든 서리는 정승이나 판서, 참판가의 청지기나 하인을 겸하고 있다. 판서 홍양호 집의 청지기나 하인이 모두 4명으로 가장 많고, 판서 서지수·황경원·서호수·이재혁·이성원·엄숙·김이소·이연상·최숙·심수, 참판 이경양 등이 각각 1명씩의 청지기나 하인을 전생서의 서리로 두고 있다.

전생서수리 엄성관은 영의정 서지수의 청지기로, 사온동에 거주하며 성내 도가에서 근무하고 있다. 본래 서리들을 총괄하는 수리이지만 여목색의 주임 역할로 정리하고 있다. 그런데 직장 정동철이 여목색 담당 엄성관을 보내서 하는 말이 여목색은 없는 거나 마찬가지라고 했다. 전생서의 세 관리는 국휼 때 성복의 명복으로 그 비용을 지급받는 규정이 있었는데, 오직 정축년 2번의 내대상 때 각각 2량씩 받은 적이 있지만 매우 보잘것없는 수준이라고 했다. 하지만 봉사 이흡은 만약 이와 같다면 마땅히 당상댁에 알리고 그 비용을 나눠 가지는 게 맞다고 했다. 하지만 정동철이 또 반박했다. 직장과 봉사가 서로 주장을 내세우며 대립하고 있는 상황에서 황윤석은 어정쩡한 입장을 취하며 판단을 유보하고 있다.

> "내가 비록 명색이 장관이지만 온 지 얼마 되지 않아 사례에 밝지 못하니, 두 동료 간의 서로 옳고 그름을 어떻게 알 수 있겠나!"

그러면 왜 엄성관이 실제로 담당하고 있는 업무가 없음에도 불구하고 여목색을 그의 임무로 표현하고 있는 걸까? 분장표와 실제 활동, 임무가 널났던 것이라고 볼 수 있다. 즉 명목은 있지만 유명무실해진 상황으로 보인다. 엄성관은 명목상의 수리이자 영상 서지수의 청지기로 되어 있다. 하지만 1786년 당시에 서지수는 이미 사망한 상태여서 '고 영상' 혹은 '고 상신'으로 표현해야 맞을 것이다. 그런데도 영상 서지수의 청지기로 기록한 건 그 나름의 이유가 있었을 것으로 보인다. 전생서수리로서의 명분이 서지수의 영향력, 혹은 서지수 집안과의 관련성이 유지되어야 가능했던 당시의 조건, 혹은 엄성관이 경아전으로서의 위치를 보전하기 위한 나름의 장치 등으로 보아야 할 것이다.

수고지기 정이원은 고 이연상 판서의 청지기이다. 어느 날 저녁에 정이원이 황윤석을 찾아와서 자신이 이 판서 댁 청지기라고 조용히 말하면서 세세한 이야기를 전했다.

"옛날 민이현閔彝顯 나리가 직장으로 재직하던 때는요, 전생서에서 의례적으로 구채丘債를 모두 제물로 들여와서 음식 분량이 너무 크고 덩어리 또한 너무 기름지고 물기가 많았죠. 직장이 담당하고 있는 강민江民[13]들로부터 받아들이는 황두는 따로 들이는 것이 관례였는데, 일절 받지 않았습니다."

정이원은 전임 직장 때의 일을 꺼내며 민 직장이나 송 직장을 간절히 생각하고 있음을 드러냈다. 정이원이 이연상의 겸인이었기 때문에 민 직장이나 송 직장은 모두 정이원을 각별히 생각했을 것이고, 이를 익히 알고 있던 황윤석도 그를 잘 대해 주고 있었다. 그러자 또 정이원이 어느 날 저녁에 또 넌지시 말을 건넸다.

"요즘에 노론 대가가 완전히 회복되지 못하고 있었는데,
나리를 다시 모실 수 있게 되어 정말 다행스럽습니다."

정이원은 노론 대가의 청지기로서 전생서에 근무하며 정국 상황을 나름대로 판단하고 있었다. 그는 황윤석의 등장을 또 다른 노론의 등장으로 파악하고 기쁜 뜻을 전한 것이다. 당시 전생서서리들의 주인가의 당색이 소론이 많았던 것에 비춰 보면 정이원의 언급도 이해할 수 있겠다. 이런 분위기는 장무서원 안종득과의 대화에서 분명해진다. 안종득은 황윤석에게 다음 날 일정을 알려 주면서 자신은 판서 김이소의 청지기라고 밝히며 말을 꺼냈다.

"저는 기해년 장동 김이석金履錫 나리가 본서에서 봉사로 근무할 때 장무서원이 됐지요. 김 봉사는 모두 대여섯 형제인데 남원부사, 교리, 군수 등을 지냈습니다. 요전에 장동 김용겸金用謙 판서를 뵈었는데 85세인데도 아직 정정해서 노쇠하지 않으십니다. 나리에 대해 말씀드렸더니 매우 흡족해하셨습니다."

"이곳 서원 중에 남인, 소론가 하인이 많네그려. 오직 자네가 저들과 다르니 내가 유의한 바이네. 혹시 노론 댁에 큰일이 있을 때 들은 것을 일일이 와서 알려 주면 좋겠네."

황윤석은 곧장 자신의 스승이었던 김원행金元行의 아들 김이안金履安에게 편지를 보내 전생서의 서원 안종득 이야기를 꺼내며 전생서의 이런저런 이야기를 전했다. 안종득이 김이소의 청지기이며 그를 통해 그 댁 안부를 파악하고 있다고도 했다. 황윤석의 입장에서 보면 안종득이 제조 김이소의 청지기이자 전생서의 서리이기 때문에 안종득을 안동 김문들과의 네트워크로 활용하고 있는 측면이 있다. 전생서제조가 김이소이고 자신의 스승 김원행의 아들 김이안과는 사촌지간이니 네트워크의 폭이 넓어지는 효과를 거두고 있는 것이다.

전생서의 서리 중 황윤석의 눈에 띈 인물은 유택성이었다. 그는 홍양호의 청지기로 양을 담당하는 구종이었다. 유택성은 글솜씨가 좋았다. 유택성은 처음 황윤석을 대면하는 자리에서, 황윤석이 부망으로 주부가 되던 날의 기억을 언급하며 '전생서의 새로운 주부 나리가 문장이 뛰어난 양반'이라고 들었다며 운을 띄웠다. 유택성은 자신의 시를 들고 와서 자구 고치는 일을 황윤석에게 요청했는데, 황윤석은 흔쾌히 고쳐 주었다. 봉사 이흡은 유택성의 이런 재주를 알고 『국조방목』을 베껴 쓰는 작업을 따로 시킬 정도였다. 판서 홍양호도 자신의 겸인傔人[14]인 유택성을 시켜서 전갈을 보내왔다. 이미 황윤석의 명성을 전해 들은 지 오래되었지만 한 번도 만나지 못한 게 애석했다며 속히 방문하고 싶었지만 여러 애로사항이 있었다고 했다. 이런 전언을 들은 황윤석은 자신이 먼저 찾아뵙겠다고 회신을 전했다. 전생서에서 근무하고 있는 홍양호의 청지기들이 많았음에도 굳이 글재주가 좋은 유택성으로 하여금 황윤석과의 만남을 전한 건 나름의 이유가 있었던 걸로 보인다. 황윤석이 유택성의 글재주를 아끼고 자구를 고쳐 줄 정도로 호의를 보이고 있었다는 점에서 다른 청지기들보다 황윤석의 관심을 끌 소지가 있었다.

홍양호의 겸인 중에는 윤재신도 있었다. 윤재신은 전생서의 창고지기인데 서호수의 청지기인 최치익과 더불어 북경에 따

라갔다 온 경력이 있다. 1783년(정조 7), 정존겸이 상사로, 홍양호가 부사로 나설 때였다고 한다. 윤재신은 황윤석이 주부로 낙점되던 날, 자신이 판서 홍양호에게 황윤석의 임명 소식을 전해 올리며 나누었던 대화를 전해 주었다.

"이번에 전생서주부로 낙점받은 이가 누구인가?"

"성은 황이고 이름은 윤석입니다. 풍기인인 것 같습니다."

"그렇지 않다. 전라도 흥덕 사람이다. 문학으로 이름이
높지. 내가 한번 보기를 바랐었는데, 지금 다행스럽게
도 당랑이 되었구나. 이 소원이 이루어지게 되었으니
좋구나."

윤재신은 자신이 먼저 홍양호에게 알렸음을 황윤석에게 말
하면서 자신을 부각시키고 있다. 그는 소 담당 고지기였다. 황
윤석이 소를 담당하고 있어서 그와 자주 대면할 기회가 많았다.
전생서가 여러 제사와 관련된 만큼 관리들의 복장 등 갖춰야 할
예식이 많았는데, 이런 여러 예식물을 구입해 들이거나 수선하
는 역할도 윤재신이 도맡고 있었다.

전생서 내부 사람들 간의 마찰

제조 김이소 vs 직장 정동철

이문원이 파직되고 김이소가 새로운 제조로 오게 되자 정동

철은 새로운 결심을 하게 된다. 정동철은 김이소와 서로 혐오하는 사이여서 상종하지 않으려 했다. 결국 정동철은 자기 스스로 그만두지 않으면 안 되겠다고 생각하여 다른 관청의 관직 자리와 교체하는 방안을 도모하기에 이르렀다. 이런 사정을 전해 들은 황윤석이 정동철에게 직접 물었다.

"들은 바가 있어서 그런데, 제조 대감과 서로 혐오하는 사이가 맞습니까? 신임사화의 일을 모르시오?"

"내가 제조를 피하는 것이 아니라 제조가 스스로 나를 피하는 것입니다. 옛날 우리 큰형이 상의원주부였을 때 김 대감이 도승지 겸 상의당상이었습니다. 상의원 서리에게 명령해서 정 주부의 투자投刺[처음 명함으로 인사드리는 일]를 받지 말도록 분부를 내렸었죠. 우리 큰형은 곧 정순呈旬[열흘에 한 번씩 세 번이나 계속하여 사직을 원하는 소를 냄]하고 체직을 구했습니다. 하지만 김 대감은 또 서리에게 분부를 내렸는데, '본원은 두 제조가 있으니 내가 공사公事는 아니다. 나 때문에 정순, 사직하는 것은 지나치다'라고 했답니다. 큰형은 곧 기회를 얻어 외읍으로 나갔고, 다시 정순하지는 않았지요.

이뿐이 아닙니다. 나중에 우리 둘째 형이 홍릉참봉이

되었을 때 김이중이 홍릉참봉직을 버렸는데, 이 때문에 둘째 형도 홍릉참봉을 그만두게 되었지요. 이 사람들 모두가 '이' 자 항렬입니다.

내 어린 시절 태학장의였을 때, 청주수령 김이기의 아들 김명순이 같은 임무를 맡게 되었지요. 김명순이 먼저 나와 말을 트면서 서로 친하게 지냈습니다. 이 사람은 '순' 자 항렬이지요. '이' 자 항렬 한 대 아래는 저들 집에 분명 혐의가 있지만 증손을 경계로 현손을 피하지는 않습니다.

애당초 할아버지[정석오]와 조 씨[조태채]의 일도 할 말이 있고, 삼 대신이 아니라 먼저 화를 당한 각각의 집에도 할 말이 있지요. 하지만 이렇게 연명차자에 관련되어 사 대신의 후손이 일가로써 제사를 지내고 서로 대를 이어 혐오하고 원수지간에 놓이게 되었습니다. 이것이 우리 집과 김씨들이 서로 보지도 않고 피하는 까닭입니다. 당상에게 낭관은 보지 않으면 그만이겠지만, 낭관의 입장에서는 직을 버리고 떠날 수밖에 없습니다. 만약 인척지간에 응당 피해야 할 일 때문이라면 낭관은 다른 관청과 상환하면 되지만, 지금 이 경우는 관직을 그만두는 수밖에 또 무슨 방도가 있겠습니까?"

정동철의 이야기는 구구절절했다. 김씨와 정씨 집안의 해묵은 혐오는 노론 대 소론 당색의 연장이었고, 정국이 바뀔 때마다 희생자가 나오고 피해를 입는 집안의 후손늘이 나타나면서 더욱 원수가 되어 갔다는 것이다.

정동철은 김이소 집안과 교유하고 있고 노론 쪽의 입장인 황윤석에게 중간에서 뭔가의 중재안이나 해결책, 혹은 제조의 뜻을 살펴줄 수 있을지 넌지시 떠보는 듯했다. 하지만 황윤석의 입장에서는 이렇게 오래전부터 계속되어 온 집안 간의 혐오 관계가 말 한마디로 해결될 문제가 아님을 들면서 이리저리 돌려 대답하고 있다.

정동철과 김이소의 알력 관계는 투자를 들이는 과정에서도 여실히 드러났다. 김이소가 새로 제조로 부임하자 황윤석, 정동철, 이흡, 세 사람이 인사드리러 가려 했다. 하지만 김이소는 세 사람 모두의 투자를 거부했다. 황윤석은 당혹스러웠다. 정동철과 김이소의 관계는 충분히 알고 있지만, 당시 상황은 뜻밖이었다. 모든 동료의 인사를 거부하는 사태였기 때문에 걱정이 많았다. 또 곧이어 포폄이 진행되는 시점이라 더욱 난처한 상황이었다.

장무서원 안종득이 안절부절하는 황윤석을 찾아와 이렇게 얘기했다.

"당상댁에서 세 분의 투자를 거부하라는 명은 필시 직장 나리 때문에 생긴 겁니다. 어제저녁에 봉사 나리가 당상댁 문밖에서 기다리고 있었는데 이번 달 포폄 때문이었지요. 당상 대감이 소인을 불러 분부를 기다리라고 하시며 문밖에 누가 와 있냐고 물으시기에 '봉사 나리입니다' 했지요. 대감이 하문하신 뜻은 직장 나리 때문이어서 혐의가 쌓여서 그런 것인데, 직장 나리가 처음엔 '나에게 혐의가 없으니 입직하지 않겠다'고 했다가 이제 와서는 포폄 때문에 입직하겠다고 하니 구차하기 이를 데 없습니다. 직장 나리의 포폄이 중이 되느냐, 하가 되느냐는 결국 당상의 억양 여부에 달려 있을 뿐입니다."

이렇게 표현하는 안종득에 대하여 황윤석의 생각은 이랬다.

'장동 김씨가의 겸인이라 때때로 내게 와서 마음에 품고 있는 사정을 솔직히 토해 놓는구나. 지금 이렇게 말을 전하는 것도 그렇지. 그가 말하는 전말을 살펴보면 그가 비록 서리에 불과하지만 스스로 이치를 파악하고 있으니 볼 만하다.'

전생서 관리들의 포폄은 예조직방의 전생서제조가 앉은 포폄소에서 진행되었다. 전생서는 예조에서 속하는 관청이기 때문에 전생서에 속한 관리늘의 포폄이 전생서제조 관할하에 예조에서 시행되었던 것이다. 이때에도 황윤석을 비롯한 전생서의 관리 모두가 서둘러 예조로 가서 대기하고 있었다. 하지만 전생서제조 김이소는 정동철만 직접 대면하기를 거부하고, 글로 써서 들이라고 명했고, 공례 또한 참석하지 말도록 했다. 결국 정동철은 공례 참석이 불발로 끝나자, 지영례마저도 참석하지 않으려고 했다. 정동철 입장에서는 공례도 하지 않는데 굳이 지영례 참석이 별 의미가 없을뿐더러 귀찮게 느껴졌을 것이다. 결국 지영례도 정동철이 사람을 보내 손을 쓴 결과 참석하지 않게 되었다.

그림 6 예조 터 표석

이런 상황을 지켜보던 황윤석은 '요즘에 소론이 기세가 있고 노론이 기세가 없는 것과 관련해서 생각하면 노론이 소론에 의해 억압받고 있는 이유밖에 없다'로 판단하고 있다. 이런 판단은 전생서 포폄에도 세 관리(三郎)가 모두 통과된 것으로 나타났다.

> 주부 황윤석 – 새로 와서 잘 연마함. 상(自來通鍊上)
> 직장 정동철 – 전생서 일에 근면함. 상(勤於署事上)
> 봉사 이흡 – 임무를 받드는 데 빠짐이 없음. 상(奉職無闕上)

전생서의 포폄은 제조의 평가뿐 아니라 예조와 이조, 의정부의 포폄 참알에 나아가야 하는 과정이 포함되어 있었다. 전생서제조의 평가가 절대적이겠지만, 예조, 이조, 의정부의 포폄까지도 반영된 상태인 만큼 정동철과 김이소의 알력 관계의 영향이 고스란히 반영되기는 쉽지 않았던 구조로 보인다. 포폄의 과정에서 직접 대면하고 인사하는 과정이 있지만 이 부분에 대해서 정동철의 경우는 생략하고 문서로 대신한 것이다.

이처럼 제조 김이소와 직장 정동철 간의 관계는 집안 간의 불편한 원수지간 이전에 당색 간에 해묵은 관계가 반영되어 대를 이은 불편한 관계가 지속되었다. 정조는 탕평책으로 인재의 능력을 충분히 발휘할 수 있는 기반을 마련하려고 많은 노력을

『금위영포폄등록』 한국학중앙연구원 장서각 소장

『경상도군관포폄단자』, 서울대학교 규장각한국학연구원 소장

기울였다. 하지만 선생안이나 선발된 인원 명부에 그 사람의 출신 기반을 나타내는 기록과 함께 노, 소, 남 등의 당색을 각각 표기하고 있는 기록물이 많은 것을 보면 행정체제의 운영이나 인적 네트워크 속에서는 여전히 당색의 영향이 컸고, 가문의 영향이 큰 비중을 차지하고 있었음을 알 수 있다.

직장 정동철 vs 봉사 이흡

정동철과 이흡 사이의 갈등은 정동철이 일방적으로 이흡을 무시하는 데서 시작되었다.

이흡은 원래 사족 집안 출신이었다. 그는 보학에 밝아서 왕실의 족보를 편찬하는 작업에 동원되어 활동하면서 그 덕분에 충의로 관직 생활이 가능해졌다. 그런데 이 충의 출신이라는 점이 정동철이 이흡을 무시하는 원인이었다.

'충의'란 공신 자손을 대상으로 국가에서 예우 차원으로 임명한 직책이다. 공신과 공신 자손에 관한 모든 업무는 충훈부가 담당했다. 충훈부는 세대가 누적됨에 따라 계속 증가하는 공신 자손을 체계적으로 관리하기 위해 공신 자손을 왕의 구두 명령(구전□傳)으로 충의위에 임명하고 관리했다. 직책뿐 아니라 경제적인 예우를 위해 체아직으로 녹봉을 받게 한 것이다. 충의위

는 원래 병조 관할하의 오위五衛 중에 충좌위忠佐衛 충의위忠義衛
였다. 하지만 공신 자손을 대상으로 국왕이나 이조, 병조가 내
리는 임명은 모두 충훈부를 경유한 다음에 이루어지는 특징이
있었다. 『경국대전』 「병전」의 충의위의 선발, 임명을 충훈부에
서 한다는 조항을 근거로 충의위에 대한 모든 사안을 충훈부가
관할했던 것이다.

조선 후기가 되면 국가재정의 부족과 효율성 문제로 녹봉
을 받는 직책이 상당히 줄었다. 『속대전』을 보면 오위의 위병衛
兵 제도가 모두 혁파되고, 겨우 이름만 유지되었다고 한다. 이

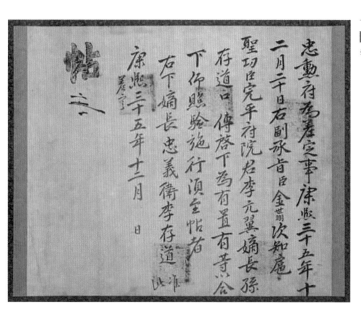

그림 9 충의위차첩,
충현박물관 소장

때문에 공신 자손들의 직책도 충좌위 체아직이 아닌 충무위忠武衛, 충순위忠順衛 등의 직책으로 임명되기도 했다.[15] 특히 충순위는 왕실의 친인척, 문관 6품 이상, 무관 4품 이상으로서 실직이나 현관을 거친 사람의 자손, 문무과 출신, 생원·진사, 음서 자격이 있는 아들·손자·사위·동생·조카 등으로 구성되었다.

이런 구성은 공신 자손만이 아닌 왕족과 관료, 지방시 출신자, 음서 출신의 자손, 가족 등 광범위하게 관직을 가질 기회가 되었다. 하지만 역을 면하기 위한 수단으로 이용되면서 충의에 허위로 기재하는 경우가 많아졌다. 이런 일들이 비일비재해지자 하층민조차 군역을 천역으로 인식하는 일이 만연해졌고, 더불어 군역을 모면하기 위한 갖가지 방법이 동원되었다. 영조 때 올라온 보고서를 보면 "조금 형편이 좋고 재력이 있다면 왕족의 먼 친척(國姓支派)을 모칭하고, 혹은 명현의 자손(名賢子孫)이라 칭하기도 하고, 혹은 성씨를 따라서 오래된 공신의 후예로 투속하여 충의첩忠義帖 얻기를 바라고, 혹은 식년마다 작성하는 호적에 4대조의 이름과 역명役名을 고쳐서 유학을 모칭"하는 방법이 공공연히 알려져 있다고 했다. 이런 충의 모록은 범위가 넓을뿐더러 서자들도 이 범위 안에 포함되었다. 이런 일련의 작업에 경아전도 한몫했는데, 특히 종부시의 서리들 역할이 컸다. 종부시에서 충의첩 작성과 관련된 서사충의書寫忠義를 차출함으로써 이들에게 많은 청탁이 집중되었다.

조선 후기 충의 출신 상당수가 편법이나 모록 등의 방법으로 배출되었던 만큼, 이흡이 충의 출신인 농시에 서자라는 사실 자체가 정동철이 그를 무시하게 된 가장 큰 원인이었다. 당시 '충의 출신' 중에는 조선 초부터 진정 공신의 후손으로서 충의위 관직을 받은 경우도 물론 있었다. 하지만 모록이 판치던 세상이었던지라, 일단 자신이 명문 집안 출신이라는 자신감이 넘쳐났던 정동철의 성격을 비춰 보면 이흡은 자신과 격이 다르다는 선입관이 상당히 작용했던 것으로 보인다. 황윤석이 소개한 이흡에 대한 전력에서처럼 이흡은 분명 법 규정에 따라 합법적으로 관직에 임명된 것이었다. 이흡은 보학에 밝고 왕실 족보 편찬에 적극적으로 참여했던 공으로 충의가 되었고, 특히 예빈시참봉을 거쳐 전생서봉사가 된 것이었다. 당시 규정을 보면 '예빈시참봉 한 자리는 충훈부가 충의위직에 있는 자로서 삼망三望을 갖춰서 이조에 공문을 보낸 뒤 심사해서 차출한다'라는 규정이 있는데, 이흡은 이에 따라 충의 출신으로 예빈시참봉이 되었던 것이다.

정동철의 하대에도 불구하고 이흡은 정동철을 대신하여 당직이나 숙직을 맡은 적도 많았다. 정동철의 성격에 대한 이런저런 이야기가 많았던 터라 이흡도 그것을 감안해서 대신 근무를

서 주었던 것으로 보이는데, 이런 상황들이 계속 누적되자 드디어 참아 왔던 이흡이 폭발하는 사건이 발생했다.

희생진배가 있던 날이었다. 황윤석은 제사에 쓸 희생을 올리기 위해 새벽같이 남대문 영생소迎牲所로 향했다. 정동철은 먼저 도착해서 예조 당상을 개인적으로 만나려고 시도했으나 당상을 만나지 못했다. 한편 이 봉사가 황윤석에게 입번하기를 요구했다.

"오늘의 희생진배는 국사이기 때문에 거행하지만, 내가 입번하는 건 불가하오!"

하지만 이흡은 거의 막무가내였다. 그러는 동안 이흡이 희생을 가지고 영생소에 들어섰는데, 조금 있으니 정동철과 이흡 사이에 말다툼이 시작됐다. 시끄러운 소리가 그치지 않았다. 결국 황윤석이 나섰다. 전생서주부가 주무를 담당하고 있는 만큼, 관사도 아니고 희생을 진배하는 곳에서 두 관리가 싸우니 황윤석이 어쩔 수 없이 나선 것이다.

"사사롭게 처리하는 건 안 되지만, 두 사람이 여기서 이렇게 난투극을 벌이니, 내가 오늘과 내일 모두 입번을

서도록 하겠소."

황윤석은 겨우 싸움을 뜯어말리고 화해시킨 다음, 전생서로 돌아왔다.

남대문 영생소에서 벌어진 정동철과 이흡의 싸움은 해묵은 갈등과 입번 문제 때문이었다. 관원의 입번 문제는 승진과 직결될 뿐 아니라, 서로 편의에 따라서 대신 서 주기도 하지만 사이가 좋지 않은 상황이라면 이해관계가 첨예하게 대립될 수밖에 없는 구조다. 더군다나 전생서 내부의 갈등이 결국 바깥에서, 그것도 희생을 진배하는 곳에서 터진 것이다. 책임감 강한 황윤석의 성격으로는 그 상황이 매우 난처했을 것이다. 국가 제사에 쓸 희생을 들이는 책무를 맡은 관원들이 싸움질이나 하고 있다는 입소문, 더군다나 봉사와 직장이 서로 입번 문제로 싸움질까지 하는 것에 신경이 곤두설 수밖에 없는 상황이었다. 그래서 결국 황윤석이 입번하는 걸로 마무리된 것이다.

사실 영조 때 이후 정조 당시는 이미 공식적으로 서얼허통이 된 선언된 때였다. 하지만 법적인 부분에서 규제가 풀렸다해도 사람들의 인식 면에서는 쉽게 변하지 않는 만큼, 실제로 관직 사회 내부에서는 여전히 보이지 않는 선이 있었고, 서얼 출신을 하대하는 경향이 잔존했다. 자신보다 높은 관직일 경우에는 드러내 놓고 하대할 순 없었지만, 아랫사람일 경우, 아예 대놓고 무시하거나 하대하는 그런 태도가 두드러졌다. 두 사람이 난투극 직전까지 갔던 이 시기엔 정동철보다 먼저 전생서에서 근무하기 시작했던 이흡이 거의 임기를 채우고 다른 직책으로 옮겨 가는 수순이었음에도 여전히 갈등은 계속되었다.

전생서 내부의 당색과 서리

전생서의 구성원 중 소위 권세가라는 사람들과 관련 있는 사람들을 살펴보면 영의정 서지수를 비롯하여 판서 황경원·서호수·이재협·이성원·엄숙·홍양호·김이소·이연상·최숙 등 9명의 판서, 참판 이경양을 들 수 있다. 당시 구체적인 부서를 언급하지는 않았지만 전·현직 판서임은 분명하다. 서리, 구종, 사령 등 총 21명의 관속 중 재상가와 특별한 관련이 보이지 않는 자는 공인 4명과 구종 1명과 사령 1명 정도이다. 재상가 사람 중에서 참판 홍양호의 겸인이 4명으로, 가장 많은 인원을 차지하고 있다. 총 21명 중 15명이 재상가의 겸종이니, 공인의 비중을 빼면 전생서의 대부분이 재상가의 겸인이라 할 수 있겠다.

그런데 당시 조선 사회는 말단 관직자부터 재상에 이르기까지 각자의 당색이 분명했던 특징이 있다. 현대인들의 시각에선 양반들만 중앙정계의 치열한 정권쟁탈의 수단이 된 당색과 혈연, 학연, 지연에 연결된 것으로 생각하지만, 실제로는 훨씬 더 광범위했던 상황을 볼 수 있다. 우선 관직 대상자를 기록해 놓은 다양한 『관안官案』을 보면 인물의 본관, 거주지 등의 기본적 정보와 함께 당색을 표현해 놓은 자료들이 많다. 또 조선 후기 여러 관직자나 양반들의 일기 등에서도 양반들의 정치성향뿐 아니라 서리나 아전들의 당색도 기록하고 있다. 이런 분위기는 중앙과 지방 할 것 없이 관청의 관직자뿐 아니라 서리급까지도 자신의 당색을 분명히 드러내고 있었다는 방증이기도 하다.

특히 영조는 즉위하면서부터 '자신은 노론의 왕이 아닌 백성들 모두의 왕'이라 선언했던 이후로 늘 탕평책을 유지하며 인사, 행정, 정책 등에 일관성을 유지하려고 엄청난 노력을 기울였다. 영조는 재위 초반에 당습의 폐단에 대하여 언급하면서 다음과 같이 하교를 내렸다.

"붕당의 폐해가 『가례원류家禮源流』가 나온 뒤부터 점점 심해져서 서로 각각 원수를 이루며 죽이려는 것을 최종 목표로 삼아 왔다. 너무나 마음이 아프다. 신임사화 때의 일은 반역자만을 처단할 뿐이었는데, 어째서 한쪽 당 사람들을 모두 죽여야만 하는가? 막무가내로 모

든 자를 처단하여 불평하게 만드는 것이 당파의 폐습
이다. … 이런 당습의 폐단이 어찌 이미 사망한 신하에
게 미치는가? 무변武弁·음관蔭官이 색목色目에 어떻게 관
계되어 있으며, 하물며 이서吏胥까지도 붕당에 관계되
어 있어서 조정 대신, 관리들의 진퇴가 이들에게까지
미치는가? 앞으로 당습에 관계된 자들을 천거한다면
이를 엄히 죄를 물을 것이며 엄하게 배척할 것이다. 임

그림 10 『가례원류』, 국립중앙박물관 소장

금의 마음을 따르지 않는 신하는 나의 신하가 아니다."

이렇듯 영조는 재위 조반부터 자신이 왕위에 오르기까지의 과정에서 겪은 위기와 어려움이 결국 당색으로 인한 것이었음을 뼈저리게 자각하고, 자신이 어느 당파의 왕의 아닌 조선사람 모두의 왕이라는 선언과 함께 심해져만 가는, 당색을 가르고 편을 갈라서 생기는 각종 폐단을 해결하려 했다. 당시 만연해 있던 당파의 폐습을 경계하며 당파 짓는 행위 자체를 금하고 이를 따르지 않는다면 자신의 신하가 아니라고 규정할 정도로 강력하게 경고하고 있다.

이처럼 18세기 후반의 조선 상황은 이미 나뉜 당색을 '탕평책'이란 정치적 타협 방식으로 도모할 수밖에 없었다. 영조의 하교에서 언급하고 있던 것처럼 무관, 음관을 막론하고 이서들까지도 당파를 지어 움직이고 있었다. 당파는 학문적인 차이나 학맥을 잇는 데서 그치지 않았고, 정치적 행위는 물론이고 행정적 운용, 경제적 관계 등 조선 사회의 체제 전체가 당색을 빼놓고는 움직이기 어려운 상황이었다. 즉 관료들뿐 아니라 그와 유대 관계 혹은 친분 관계를 가졌던 겸인, 그리고 이런 재상가의 겸인들이 경아전으로 근무했던 중앙관청 모두가 각각의 당색이 드러나서, 어떤 관청은 소론, 어떤 관청은 노론 등등의 말이 돌 정도였다.

　예컨대 황윤석이 전생서에서 근무를 시작하자마자 들려오는 이야기가 '전생서의 서원들 대다수가 남인과 소론 집안 하인'이라는 소리였다. 앞서 잠시 언급했던 것처럼 실제로 이연상의 겸인인 수고지기(首庫直) 정이원은 황윤석을 찾아와서 노론 대가의 세력이 아직은 회복되지 않은 상황인데, 황윤석이 와서 정말 다행이라고 하기도 했다. 노론 재상가의 겸인이자 전생서의 창고지기가 찾아와서는, 황윤석의 부임을 반기며 열세였던 노론에 인물이 추가되었다며 기뻐했던 것이다. 이처럼 겸인이자 경아전 부류들은 자기 주인의 당색에 동조하고, 같은 당색의 편에 서서 주변 상황을 이해하며, 같은 당색의 관리가 부임하면 편의를 봐주거나 교류할 수 있게 중간 다리를 놓는 등 여러 정보를 제공했다. '전생서에 소론과 남인 집안 하인이 많다'라는 소문은 즉 전생서에 영향력을 끼칠 수 있는 권력가들이 대개 소론, 남인 쪽이었다는 뜻이다. 그 가운데 노론 쪽에서도 그 세를 넓히고자 했기에 황윤석처럼 노론 쪽 인사가 출현하는 것을 아전들까지도 반겼다.

　이런 아전 중에는 특출한 능력을 가진 자도 있었다. 상술했듯이, 홍양호의 청지기인 유택성은 여느 서리들처럼 문자를 해독하는 능력 정도가 아니라 한시를 제대로 지을 수 있을 정도로 문장 실력이 좋았다. 어느 날 유택성이 황윤석을 찾아왔다.

"나리 제가 시를 지늘 한번 봐주시겠습니까?"

유택성은 황윤석에게 자신이 지은 7절 8수의 시를 보여 주며 조언을 구했다. 황윤석은 문구를 고쳐 주면서 이를 자신의 일기에도 기록해 두었다. 어느 날 황윤석은 유택성이 『국조방목』을 베껴 쓰고 있는 것을 보았다. 이런 종류의 책에 관심을 두고 있던 황윤석이 바로 관심을 보였다. 봉사 이흡의 지시로 베껴 쓰고 있었던 것인데, 이흡은 족보나 방목 등에 관심이 많았던 만큼 유택성에게 이를 지시하고 자신의 연구에 쓰려고 했던 것이었다.

황윤석이 주목했던 겸인이 또 있다. 자신의 주인을 따라 북경에 다녀온 자들로, 홍양호의 청지기이자 고지기인 윤재신과 서호수의 청지기인 최치기이다. 윤재신과 최치기가 이어서 다녀온 것 같은데, 황윤석은 이 당시 연경사의 활동을 자세히 적고 있다.

"계묘년 사신단은 상사 정존겸과 부사 홍양호, 서장관 홍문영으로 꾸려졌다. 연경으로 가는 도중인 12월 23일에 청 황제가 큰 연회를 연다는 사실을 듣고 급히 서둘러 연경에 도착했으나 여의치 않았고, 결국 1월 1일 신년하례에 들었다고 한다. 처음엔 상사와 부사 두 사람을 궁궐로 불러들이려고 했는데 갑자기 연경 서북쪽 50리 밖의 서산 아래에 있는 원명원으로 오게 했다. 1월 10일에 행사가 끝나자 청인들 사이에 소문이 돌았다. 조선 사신 중 부사의 문필이 높다는 소문이었다. 너도나도 화첩을 보내서 글 얻기를 청했다. 특히 한림학사 대구형戴衢亨은 직접 조선 사신의 숙소였던 옥하관으로 와서 대면하며 교유를 청했고, 4천 리 먼 곳에서 지금까지도 서신과 폐백이 끊이지 않고 오가고 있다. 서로 '대 한림 전戴翰林前', '홍 선생 전洪先生前'으로 부르며 편지를 주고받는다고 한다.

원래 원명원은 청나라의 예부상서나 통관 등도 감히 내부 깊숙이까지는 들어오지 못하는 곳이었다. 당시 원명원 행사에서 청 황제는 정존겸과 홍양호에게 시와 부를 짓도록 했고, 이를 기념하여 각기 상을 내렸다. 홍양호는 돌아오는 행랑에 당본서책을 소중히 챙겨 왔고, 많은 양의 책을 규장각에 들여놓았다. 이것이 근례의 예가 되었다."

이 내용은 황윤석이 자신이 들은 얘기를 기록해 놓은 것인 만큼 오류도 보인다. 실제로 상사 정존겸과 부사 홍양호, 서장 관 홍문영으로 꾸려졌던 사신단은 1782년(정조 6), 임인년 동지 정사 구성원들이었다. 실록 기사에서는 1782년 10월 22일, 정 조에게 올린 사신단 일행의 하직 인사가 나타나 있다. 청나라 건륭제에 대한 표문을 가져가는데 조선 내부에서 조회 등을 정 지했던 날이라 표문을 올리는 의식에서 음악을 연주하지 않았 던 것에 대해 정조가 이의를 제기하고 예조 당상을 추고하는 내 용이 기록되어 있다.

당시 홍양호가 부사로서 사신단에 포함되었기 때문에 그의 겸인이었던 윤재신도 동행했던 것으로 보인다. 원명원의 행사에 는 원래 조선 사신단이 초청되지 못했었다. 그러나 1782년부터 조선 사신단이 초청되어 불꽃놀이도 구경하고 정대 광명전 연 회에도 참여하기 시작했다. 정존겸 등의 사신단은 1781년 11월, 동지정사 황인점, 부사 홍수보 등이 1782년 1월 10일, 원명원에 초대된 뒤, 두 번째로 원명원 행사에 초청된 것으로 보인다. 그 런데 정존겸과 홍양호의 문필에 대해 청나라 문인들 사이에 이 미 알려졌던 탓인지, 건륭제는 두 조선 사신에게 시와 부를 짓 도록 했고, 그에 대한 보답으로 상을 내렸다. 원명원에서의 조 선 사신에 대한 에피소드는 주변에 급속도로 퍼졌다. 특히 홍양

그림 11 戴衢亨,《清戴衢亨畵歲朝衍萬圖》〈億兆同熙〉, 대만 국립고궁박물원 소장

그림 12 〈이계 홍양호 영정〉

호에 대하여 글을 청하는 이들이 한둘이 아니었다고 한 점을 보면 아마도 청나라 사람들이 홍양호의 글솜씨를 마음에 들어 했던 모양이다. 이는 건륭제가 상을 내릴 때 차이가 있었다는 언급에서도 알 수 있겠다. 어쨌든 홍양호가 문필을 떨치자, 당시 한림학사 대구형이 옥하관까지 찾아와서 홍양호와 교유 관계를 맺기에 이른다. 이처럼 1782년 이후로 수년째 계속 국경을 넘어 편지와 선물이 오고 간다고 하는 중국 인사와 조선 인사의 개별적인 교유 상황은 조선 후기, 특히 실학자들에게서 자주 보이는 현상과 동일하다.

1782년, 사행을 다녀온 홍양호는 연경에 다녀온 연행록, 『연운기행燕雲紀行』을 썼다. 당시에 지었던 시 113편을 엮은 것이다. 1782년 10월 22일, 이들 일행은 서울에서 출발하여 12월 20일에 연경에 도착했다. 이 책에는 이들이 1783년 3월 28일에 다시 서울로 돌아와서 정조에게 보고한 일정까지 모두 수록되었다. 『연운기행』 맨 뒤에는 청나라 대심형戴心亨이 홍양호의 「요계잡영遼薊雜詠」 10여 수를 읽고 "시법詩法이 잘 갖춰져 있다"라고 칭찬한 내용의 제평題齊이 수록되어 있다.

황윤석이 언급한 한림학사 대구형의 형이 바로 대심형이다. 이를 통해 보면 홍양호의 문필이 당시 청나라 사람들에게 어필했고, 그중에서도 대심형, 대구형 형제가 적극적으로 교유를 청

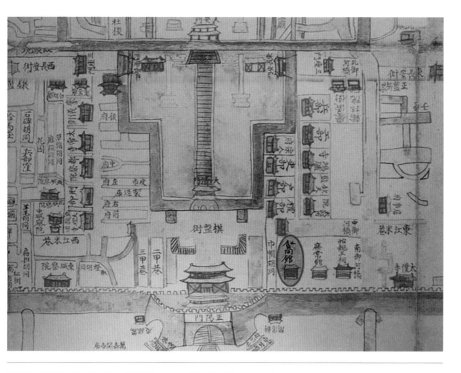

옥하관·회동관 일대,《각국도各國圖》〈연경성시도燕京城市圖〉, 국립중앙도서관 소장

함으로써 글까지 남긴 것으로 보인다. 당대에 이미 대구형과 홍
양호의 교유 상황이 주위에 잘 알려져 있던 것으로 보아 여러
차례 서신 등이 오고 가며 교유한 것은 분명하다.

　서호수의 경우는 황윤석의 기록에 드러나지 않지만, 정조
즉위년인 1776년과 1790년(정조 14)에 사신단의 부사로 임명된
기사가 보인다. 서호수의 겸인이었던 최치기는 1776년 연행사

에 동참했던 것으로 보인다. 1776년에는 진하 겸 사은사 황인점이 이끄는 사신단이 파견되었는데, 여기에 서호수가 부사로 참여했고, 그의 겸인 최치기도 동행한 것이다. 1790년의 경우엔 서호수가 진하 겸 사은부사로 파견되는데, 여름에 원명원에서 열린 건륭제의 만수절 행사에 참여했다. 특히 다녀와서 쓴 『연행기』에는 원명원에서 치른 22일간의 진하 과정을 여러 연회와 공연의 내용, 주변의 풍광 등과 함께 세밀히 기록하고 있다.

윤재신과 최치기의 경우, 자신들의 주인을 따라 청나라 연경에까지 따라갔다 온 사실만으로도 다른 아전들과는 차별화되었다. 황윤석은 청나라 땅을 밟아본 적이 없었던 까닭에 그들이 요동과 북경 지역에 대한 정보를 잘 알고 있다는 소문을 믿었을 것이다. 재상가의 여러 겸인 중에서도 유독 윤재신과 최치기 같은 인물이 주인과 함께 사신단에 동행했다는 사실 자체를 보면 어쨌든 그들에게 뭔가 뛰어난 자질이나 재능이 있었고 주인의 신임을 받았음은 분명하다. 홍양호나 서호수처럼 청나라에 사신단의 일원으로 참여하고 그것도 여러 차례 다녀올 수 있었던 인물은 당시 정조의 신임을 받았던 인물이었고, 그들을 따라 청에 다녀온 겸인들 역시 같은 처지의 겸인 사이에서 선망의 대상이 될 수밖에 없었을 것이다. 어떤 주인 밑에서 겸인을 하느냐에 따라, 그저 겸직하는 경아전 자리가 달라질 뿐 아니라,

국외로의 여행이 쉽지 않았던 당시에 청나라에 다녀올 기회를 가질 수 있었던 것이다. 물론 각각의 능력과 재능이 있어야 하고 주인과의 신뢰 관계가 기반이 되어야 했음은 물론이다.

전생서라는 중앙의 관청을 한정해서 보자면 홍양호의 겸인이 4명으로 가장 많았다. 이는 아마도 홍양호가 전생서제조로 근무했던 당시에 자신의 겸인들을 전생서의 서원으로 충원한 것으로 보인다. 이는 곧 권세가의 권력 판도가 달라질 때마다 관청의 분위기도 달라지고 구성원도 달라진다는 뜻이다. 조선 후기에 중앙관청의 서리나 서원 등의 충원 방식이 달라지면서 벌어진 현상이다.

조선 초기 경아전 충원 방식은 이조에서 일괄적으로 3년에 한 번씩 뽑아서 여러 관청에 빈자리를 일괄 충원하는 형태였다. 하지만 16세기 중종 대 정도부터 근무일수를 채우고도 직을 받지 못한 서리들이 적체되는 문제점들이 발생했다. 여러 논의를 거쳐 결국 적체된 인원은 군역에 충당하는 것으로 결정된다. 하지만 임진왜란과 병자호란을 겪은 이후로는 상황이 급변했다. 전쟁으로 사망한 서리들이 많아서 관청 업무가 제대로 운영되지 못하는 상황에 이른 것이다.

따라서 중앙관청의 행정력을 빨리 회복하기 위해서는 경아전을 빠르게 충원하는 방법이 필요했다. 이에 따라 각 관청에서는 필요한 인원을 수시로 채우는 형태로 바뀌어 갔고, 빨리 충원 가능한 방법으로 자연스럽게 서울 사람들을 뽑는 방식이 정착된 것이다. 현대사회의 현상과 비교하자면 기업체에서 신입사원을 뽑을 때 그룹 전체 인원을 한꺼번에 시험으로 일괄 뽑아서 배치하는 공개채용 방식이 조선 전기의 경아전 충원 방식이었다면 조선 후기에는 수시채용 방식으로 바뀐 것으로 비유할 수 있겠다.

결국 『속대전』에서는 '서리는 방민坊民을 뽑아서 임용한다'라는 내용이 규정으로 정해졌다. 18세기 후반에는 이런 규정을 근거로 홍양호가 전생서제조를 하는 동안 자신의 겸인으로 빈자리를 채웠고, 이에 따라 황윤석이 근무할 당시에 그의 겸인 다수가 일하고 있었던 것으로 해석될 수 있다.

재상가의 겸인이 중앙관청의 아전으로 일한다는 사실은 단순히 그들의 배경이 겸인이란 점을 의미할 뿐만은 아니었다. 그 주인의 권력, 인지도에 따라 그 겸인 또한 그 관청에서 텃세 혹은 상당한 정도의 권력을 행사하기도 했다. 어떻게 보면 이들은 중앙관청의 숨은 실세이기도 했다.

대개는 관청의 서원이나 고지기, 하인 등의 일을 하고 있으면서 관청에 임명된 관직자의 명령 체계하에 움직이는 것이 맞지만, 실제 현실에서는 그 관청의 상급자 명령에 마지못해 겨우 움직이거나, 제대로 일하지 않거나 심하면 불복하는 등의 경우가 허다했다. 상급자의 배경이나 능력을 봐 가며 움직였다는 뜻이다.

에컨대, 황윤석이 전생서주부로 근무할 당시에는 문효세자의 장례가 있었다. 왕세자의 장례 절차에 맞춰 전생서주부였던 황윤석도 그에 맞는 의복을 갖춰야 입어야 했다. 그래서 그는 윤재신에게 흰 신발과 검은 허리띠를 구해 오도록 했다. 신과 허리띠의 비용은 호조로부터 들이는 포와 입번해서 나오는 콩(豆료)을 합하면 모두 5냥의 돈을 만들 수 있어서 이걸로 구입할 수 있었다. 그런데 윤재신이 이렇게 말했다.

"나리, 제가 성내에 여러 번 들어가서 허리띠를 만들도록 재촉해서 오늘 아침에 겨우 받기는 했습니다요. 그런데 작은 사이즈가 왔지 뭡니까? 나리의 허리에 맞지 않을 것 같아서 다시 돌려보냈습니다. 문제는 허리띠 값입니다. 평소에 2냥 5전이었는데 소상이 긴박한 때라 가격이 많이 올라서 돈이 많이 부족합니다. 그래서 백화白靴는 살 수 없겠습니다."

또 호조에서 받은 포를 돈으로 바꾼 것이 김광집에게 있다면서 돈이 많이 부족하다고 했다. 백화와 오대烏帶는 관직자들이 반드시 모두 갖춰야 하는 물건이라 상복을 입어야 하는 공제公除 기간 안에 꼭 구해야만 했다. 하지만 오대는 작은 사이즈가 와서 돌려보냈다고 하고 다시 구하려니 시간이 촉박하며, 백화는 돈이 모자란다면서 아예 구해 오지 않고 변명만 늘어놓은 것이다. 황윤석은 이에 그날 입직해 있던 아전 김인광을 불러서 엄히 질책했다.

"아전들의 습성이 이 모양인데, 일찍이 앞선 관원들 받들기를 이렇게 했단 말인가? 오대 백화는 공제 때 정말 필요한 물건인데도 이처럼 폭탄 돌리듯이 서로 떠넘기면 죄가 없을 거라고 생각했는가?"

그제서야 전생서의 아전들이 움직이기 시작했다. 여기저기 수소문하며 빨리 구해 달라고 선을 넣어 재촉했다. 황윤석이 한마디를 덧붙였다.

"반드시 오늘 오전까지는 구해 와야 할 것이야!"

하지만 검은 허리띠의 경우, 윤재신이 납으로 장식한 각대角

布로 변통하기를 제안해서 결국 고쳐서 쓰기로 했고, 백화는 3일이 지난 29일에야 겨우 구해 왔다. 오늘 오전까지라는 엄포도 아무런 소용이 없었다. 3일 동안 황윤석이 아침저녁으로 재촉하고 힐난했지만, 아전들은 꿈쩍도 하지 않았다. 그들은 황윤석의 말에 꿋꿋이 대꾸하지 않고 3일 만에 겨우 모두 갖춰서 들였다. 결국, 더 많은 돈을 들이고도 허리띠는 고쳐 쓰게 되었고, 시간이 한참 지난 뒤에야 신까지 갖출 수 있었다. 이에 황윤석이 드디어 폭발했다. 그는 며칠 뒤 찾아온 윤재신에게 흑대와 백화 건에 대해 호되게 질책한 뒤 가두고 볼기를 쳤다. 그리고 제조 당상에게 '윤재신을 자르라' 아뢰기로 했다. 그런데 황윤석은 순간 멈칫하게 된다.

'자리에서 물러나게 하는 건 이서들의 먹고사는 것에 관계되는 거라 일이 좀 커질 것 같다. 차라리 볼기 치는 걸로 그치고 제명하는 건 그만두는 게 좋겠다. 또 곰곰이 생각하니 제조 당상에게 윤재신을 자르라고 하는 건 결국 당상집의 다른 겸종에게 역을 대체하게 하는 꼴이 되어 버리기 쉽다. 윤재신에게 다시 고쳐서 들이게 하는 것만 못할 것 같다. 대신 제명과 태를 치는 것에 대하여 3일간 말미를 주어서 다시 물건들을 사들이

도록 하는 게 좋겠다.'

황윤석은 마음을 고쳐먹었다. 화가 나서 윤재신을 내쳐 봐야 결국 다른 당상집 겸종이 고지기 역을 꿰찰 것이고, 겸종이 새로 온다 해도 바뀔 건 별로 없는 건 자명한 사실이었다. 혼잣말로 이서들의 먹고사는 것에 관계되는 것이라 쉽게 자를 수도 없다고 했지만, 현실적으로 윤재신은 홍양호의 겸인이었다. 그가 누구인가? 홍양호를 모시고 연경에까지 다녀온 자이고, 홍양호는 당시 실세 중 실세였다. 황윤석의 입장에선 주부의 말을 제대로 이행하지 못한다고 해서 당상에게 알려서 내쳐 봤자 한편으로는 제조 김이소 집의 겸인에게 자리 하나를 내주는 형국이 된다. 조선 후기 중앙관청에서 빈자리가 생기면 관청의 책임자가 결원을 보충할 수 있었기 때문에 윤재신의 자리는 제조 쪽사람 중에서 차출되는 구조이다.

한편 홍양호와는 껄끄러워질 수밖에 없는 상황이었다. 이런 여러 상황을 고려할 때 그저 태를 치는 것으로 끝내고 쫓아내지는 않기로 한 것이다. 이후 윤재신이 새 오각대와 새 백화를 사서 들였고, 총 5냥의 값도 바쳤다.

윤재신을 처벌하는 것은 이 정도로 끝냈지만 이후 윤재신의 태도는 그다지 변화가 없었다. 실제로 번두값을 속여 말하거나 다른 자들과 차이 나게 거두는 등 문제가 많았다. 하지만 황윤석의 입장에선 강력하게 처벌하거나 제재할 수 있는 수단을 쓰지도 못했다. 이서들의 가난한 처지를 이해할 수밖에 없다고 쓰고 있지만, 그 이면에는 권세가 주인과의 문제가 더 깊숙이 개입될 수밖에 없었던 까닭이다.

2

경아전들은
어떻게 살았을까?

권세가 집안의 당색과 부침에 따라 움직이는 경아전

경아전들은 전생서의 고지기 윤재신처럼 관직자들의 명령을 제대로 이행하지 않거나, 관청에서 운용되는 각종 잡물이나 비용을 임의로 사용하거나 챙기는 경우가 많았던 것으로 보인다. 이렇게 행동하는 측면 뒤에는 그가 주인으로 모시는 재상가의 권력과 돌봄이 있었기 때문이다. 이런 관계는 겸인이 주인에 대하여 헌신적으로 일하거나 목숨을 건 위험을 부담하는 등 특별한 관계일수록 대대손손 그 혜택을 누릴 수 있었다. 반면에 주인가가 권력을 잃는다든지 정계에서 멀어지거나 몰락할 경우 가장 큰 타격을 받는 자들 또한 겸인이었다.

자신의 목숨까지도 걸며 주인을 사수했던 겸인의 사례가 있다. 김창집, 이이명, 이건명 등과 함께 노론사대신 중 한 명으로서 신임사화 때 사망한 조태채趙泰采의 겸인 홍동석洪東錫이다. 홍동석은 조태채의 겸인인 동시에 선혜청에서 서리 노릇을 했다. 소론이 득세하던 경종 대 초반에 '노론사대신을 축출'하라는 김일경의 상소가 채택되어, 조태채도 그중의 한 사람으로 유배되었다. 사헌부의 소론 관료들이 조태채의 죄에 대해 계啓를 올릴 때 홍동석에게 그 문서를 베껴 쓰게 했다. 그러자 홍동석이 이렇게 말했다.

> "자식이 손수 그 아버지의 죄명을 쓸 수는 없습니다. 겸종은 그 주인 관원들에 대해 부자의 의리를 가지고 있으니 소인은 쓸 수가 없습니다."

그러고는 홍동석은 붓을 던져 버렸다. 주위에 있던 여러 대간이 화를 내며 홍동석을 가두고 형을 받게 했지만 끝내 쓰지 않았다고 한다.

이후 조태채가 제주로 귀양을 가게 되자 홍동석도 선혜청을 그만두고 조태채를 따라갔다. 결국 조태채에게 사약이 내려왔는데, 이 사실을 늦게 알게 된 아들 조관빈이 급히 출발했으나

사약을 든 도사가 먼저 도착했다. 도사가 조태채에게 사약 마시
기를 재촉하자 홍동석이 간청했다.

"죄인의 아들이 곧 도착한다고 합니다. 부자간에 얼굴
만이라고 볼 수 있게 조금만 늦춰 주십시오."

그림 14 〈조관빈 초상〉, 국립중앙박물관 소장

하지만 도사는 거절했다. 그러자 홍동석이 약사발을 발로 차서 엎어 버렸다. 도사는 어쩔 수 없이 '약사발이 바닷물에 빠졌다'라는 내용으로 보고를 올렸고, 그 사이에 조관빈이 도착했다. 의금부에서 다시 사약을 내려 보내자, 조태채는 아들에게 "홍동석은 네가 친동기간처럼 보살펴야 한다"라는 말을 남기고 사약을 마셨다. 그리고 홍동석은 조태채의 상여를 모시고 서울로 돌아왔다. 홍동석은 후일 다시 선혜청의 서리가 되어 대대로 그 직을 세습했고, 그의 자손들은 조씨 문하에 출입하며 매우 친하게 지냈다고 한다.

이는 『이향견문록』[16]에 기록된 내용이다.

경종이 즉위한 후 정국이 더욱 혼란해지자 노론은 연잉군을 세제에 책봉하도록 했고, 이어서 경종에게 세제의 대리청정까지 요구했다. 하지만 조태구 등 소론 쪽의 적극적인 반대로 대리청정의 명이 철회되고 노론 세력이 제거되기에 이르렀던 것이다. 결국 조태채는 진도에 유배되었고, 다음 해 사사되었다. 『이향견문록』에는 제주에 유배한 것으로 되어 있지만, 실제는 진도로 유배 후 사망했던 것이다. 아들 조관빈이 후일 제주에 유배된 것으로 보아 착오가 있었던 것으로 보인다. 『이향견문록』에서는 홍동석의 주인에 대한 헌신이 주제가 되었기에 그에 대한 에피소드 중심으로 구성되어 있어서, 실제와는 약간의 차

里鄉見聞錄序

余於十載前遊金剛凡三旬而返其海岳之所蓬瀰

澒濚之所呈發殆不可名狀節輪圓員烟雲無萬種

飛靈歘種と神宇窵爲一大事因緣九龍萬物須

臾五鏡諸勝特著於山中而至於一邱一壑之或以

奇勝或以坐勝者若以命名揣而傳之可盡於諸勝

之列而皆擒剔埋沒於蔦林叢薄之間者多矣因是

想来人亦類此週間閭閻揚文明端妻廊廟調和

玉燭六綱瀝瀝汲汲擧生是則高矣至夫里巷之人

旣無經術勳業之可稱或有言行可記者或有詩文

里鄉見聞錄
上

B
4653
10
1

그림 15 『이향견문록』, 서울대학교 규장각한국학연구원 소장

이가 있어 보인다.

홍동석의 사례에서는 두 가지 주목할 점이 보인다. 조태채
가 노론의 영수였던 만큼 그를 모셨던 홍동석도 노론 편에 서
있었다. 따라서 소론계 대신들이 상소문을 베껴 쓰게 시켰음에
도 붓을 던지며 저항했다. 즉 주인과 함께 같은 당색을 유지하
며 노론 편에서 움직였다는 점이다. 물론 주인에 대한 충성심으

로 인한 행동으로도 볼 수 있지만, 그는 노론 쪽에 서서 조씨 집안과 대대로 함께하고 있다. 또 하나의 측면은 홍동석의 적극적인 노력이다. 주인이 유배지로 떠날 때 자신의 직도 포기하며 동행했고, 조태채가 사약을 받는 순간에도 아들 조관빈과 대면할 수 있도록 자신의 목숨을 걸었다. 그가 이처럼 헌신적으로 주인을 받들었던 만큼, 조태채는 아들에게 홍동석을 친동기간처럼 보살피라는 유언을 남길 정도였다. 홍동석은 적극적인 헌신과 노력으로 자신의 위치를 지켰고 이후 대대손손 서리직을 세습하며 조씨 집안과 깊은 관계를 유지했다. 그 주인이 사망했지만, 주인가와의 대를 이은 관계는 계속될 수 있었는데, 이는 전적으로 겸인의 노력 덕분이었다.

또 다른 사례도 있다. 홍봉한의 겸인, 노씨 노인(노동지盧同知[17])의 이야기이다. 이름이 알려져 있지는 않는데, 남양 사람이었다. 활 솜씨는 좋았지만, 시험 운이 없어서인지 매번 회시에서 떨어졌다.

하루는 그가 술을 잔뜩 마시고서 통금 시간까지 육조 앞 큰길에 버티고 서 있었다. 하필 그날은 어영청에서 순라를 도는 날이라 당장 나졸들에게 잡혔다. 하지만 노 씨는 나졸을 후려쳤고, 패장이 달려오자 패장마저 때렸다. 곧이어 네댓 명을 더 때려눕혔다. 결국 나졸들이 우르르 몰려들어 포박하고 다음 날 아침까지 어영청 밖에 잡아다 놓았다. 당시 어영청대장은 홍봉한 이었다.

홍봉한은 그를 자신의 십으로 삼아들이나 명안 뒤 풀었다.

"너는 순라법 뜻을 아는가?"

"그렇습니다."

"왜 순라군을 때렸지?"

"한 말씀 드린 뒤에 죽고 싶습니다. 결박을 풀어 주십시오."

이에 홍봉한이 풀어 주도록 했다.

"소인은 남양의 거자擧子(최종 본시험 진출자)입니다. 나름 약간 용기도 있고 담력이 있다고 생각합니다. 말 타고 활쏘기도 잘하지요. 그런데 운수가 없어서 회시에 응시한 게 벌써 10여 차례나 됐습니다. 이번에 또 떨어졌는데, 이 신세를 돌아보니 죽고 싶지만 죽을 수도 없습니다. 재상가에 의탁해서 발신할 기회를 잡아 보려 하는데 도대체 방법이 없습니다. 요즘 명망이 사또보다 더 나은 분이 없으시니, 한번 뵙고자 했지만 문지기가 막아서서 일부로 이런 꾀를 부려 본 겁니다. 순라군을 두들겨 패면 반드시 이 뜰로 잡혀 올 테니, 한번 뵙고서 저의 사정을 말씀드릴 수 있기 때문입죠. 만약 순라군을 때리지 않았다면 그저 야경을 범한 것이 되어서, 집사청에 잡혀가 곤장이나 맞고 쫓겨났겠지요. 그럼 무슨 수로 이 뜰에 들어올 수 있겠습니까? 또 한 사람이 두 사람을 대적하면 두 사람의 용력이라 말들 할 텐데, 소인은 다섯 명을 두들겨 눕혔으니 다섯 사람의 용력을 겸비했다 하겠지요. 사또께서 소인을 문하에 두심은 어떠시겠습니까?"

홍봉한은 그를 자세히 눈여겨 보더니 웃기 시작했다. 그리고 좌우에 물었다.

"어제 두들겨 맞은 장교는 어디에 있나?"

그 장교가 명을 받고 대령했다. 그러자 홍봉한이 말했다.

"너희들 교졸 다섯 놈이 저 한 사람한테 두들겨 맞았으니 장차 어디다 쓰겠는가? 너는 장교패 풀어놓고 물러

가도록 해라!"

곧이어 그 전령패를 노 군에게 채워 수고 분하에 거저하노록 했다.

노 씨는 매사에 영리하고 민첩해서 주인의 뜻을 잘 알아서 처리했다. 이에 홍봉한의 총애가 높아져서 점차 크고 작은 일들을 모두 맡겼는데, 염려할 게 없었다. 결국 홍봉한은 노 씨를 수족처럼 여기게 됐다.

홍봉한은 혜경궁 홍씨의 부친이자 사도세자의 장인인 만큼 당시에 주요 권력자였다. 노 씨의 경우에는 무에 실력은 있었지만 과거에 자꾸 실패하자 재상가의 겸인으로 들어가고 싶어서 꾀를 냈던 것이다. 용기도 있고 담력도 있던 터라 한번 크게 배팅했다. 사대문 안에는 밤마다 통금이 시행되어 각 관청의 나졸들이 돌아가며 순라를 돌고 있었다. 어영청에서 담당하는 날을 손꼽아 기다렸다가 거사를 치렀다. 몹시 떨렸던지 술을 거나하게 마시고 제대로 통금에 걸렸다. 단순 통금 위반자가 아니라 순라군을 구타한 죄까지 가중되어 홍봉한 앞에 설 수 있게 된 것이다. 그리고 그 경위를 이실직고했다. 그는 자신의 처지와 함께 자신의 용기, 꾀를 낸 까닭을 소상히 말했다. 이에 홍봉한은 노 씨의 가능성을 보았는지 구타당한 장교를 쫓아내고 대신 노 씨를 들었다.

이 과정을 보면 재상가의 겸인을 원하는 자들이 많았고 출세할 수 있는 통로로 많이들 회자되었던 것 같다. 그런데 노 씨의 경우 홍봉한을 콕 찍어서 선택한 경우이다. 그는 자신에 대해 적극적으로 홍보하고 사건을 만들어서 눈에 띄었고, 겸인이 된 뒤에 능력을 발휘했다.

노 씨는 홍봉한의 겸인이자 어영청의 전령패를 가진 별군관別軍官으로 시작하여 선사포宣沙浦의 첨사僉使까지 되었다. 이때도 홍봉한이 감영이나 병영 등에 노 씨를 잘 돌봐 주도록 편지를 써서 부탁했다. 하지만 어찌된 영문인지 노씨는 3년이란 임기가 지나도록 한 번도 홍봉한을 찾지 않았다. 주위에서는 배은망덕하다고 의심하고 손가락질했다.

노 씨는 임기를 마치고 그제서야 홍봉한을 찾아갔다.

"그동안 잘 지냈느냐? 관직 생활로 소득은 얼마나 되었는가?"

"소인이 사또의 은덕으로 풍족한 군영을 맡아서 3년 동안 남양 땅을 사서 지금은 평생을 부족함 없이 지낼 만하게 되었습니다."

"매우 다행이구나."

그러다 노 씨가 갑자기 벌떡 일어나서 하직인사를 올렸다.
홍봉한이 깜짝 놀라며 말했다.

"네가 지금 여기에 왔는데 머물지 않고 어찌 고향으로
돌아가려고 하느냐?"
"소인이 그동안 성심을 다해 사또를 모셨던 건 구하는
바가 있어서였습니다. 지금은 소득이 이미 제가 바라
던 바를 넘어서 충분하니 더 머물 필요가 있겠습니까?
그래서 이제 떠나려 합니다."

이에 홍봉한은 말없이 허락했다. 노 씨는 남양으로 돌아간
뒤로는 더 이상 왕래하지 않았다.

이 사례를 보면 노 씨의 경우 본인이 홍봉한을 선택하고 본
인의 결정으로 떠났다. 겸인이 주인을 선택하기도 하고 떠나기
도 하는데 이에 대한 주인의 규제나 계약 같은 것은 보이지 않
는다. 그런데 『이향견문록』에서 홍봉한과 노 씨의 이야기를 남
긴 이유는 주인인 홍봉한이 실각한 뒤에 보인 노 씨의 행동 때
문이다. 1779년(정조 3), 홍봉한은 정치권에서 배제되어 고양의
문봉 선영 아래에 은거하게 되었다. 그때 노 씨가 홍봉한을 다
시 찾았다. 주변의 겸인들은 이미 모두 사라지고 노 씨만이 아

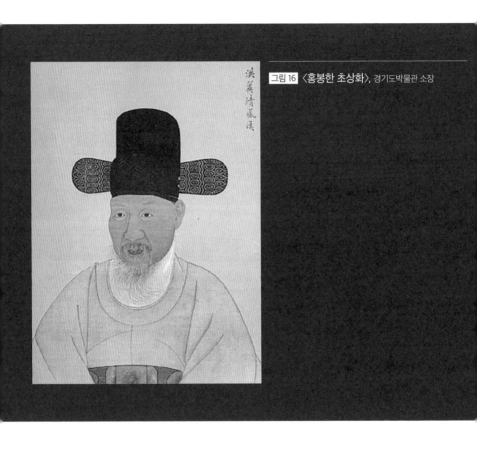

침저녁으로 모시고 시중을 들었다. 홍봉한이 병환으로 고생할 때도 탕약을 챙기며 받들었고, 돌아가신 뒤에도 직접 염습에 입관까지 했다고 한다.

　권력이 있을 때는 주인 곁에 많은 겸인이 있다. 하지만 주인이 권력을 잃거나 집안에 문제가 생겼을 때는 대부분 다 떠나간다. 하지만 노 씨는 오히려 다시 돌아와서 주인을 모셨고, 홍봉한이 사망한 이후에도 성의를 다한 사례로 기록에 남았다.

조선 후기에는 문과 시험을 통해 관리로 신출하는 것이 점점 어려워지면서 무과로 눈을 돌려 관직을 찾은 사람들이 늘었다. 하지만 이마저도 응시자가 넘쳐나서 무과 급제뿐 아니라 무관직을 얻는 것이 더욱더 어려워졌다. 노 씨처럼 재주가 있고, 실력이 있다 하더라도 시험에 계속 낙방해서 다른 살길을 찾아야 하는 경우도 많았다. 이런 상황에서 재상가에 겸인으로 들어가는 건 흔히 생각할 수 있는 출세의 방법이었다. 뿐만 아니라 혹시 무과에 급제하더라도 관직을 얻는 것은 쉽지 않았기에 겸인을 염두에 두고 있던 사례도 보인다.

예컨대 홍덕 엄촌奄村에 사는 백씨 집안 사람들과 황윤석은 같은 홍덕 사람이었던 만큼 가깝게 지냈다. 집안 대대로 친밀한 사이라 자주 편지도 오가고, 황윤석이 서울 생활을 할 때도 같은 주인집에 있거나 주변에 머물던 사람들이다. 백동문白東文, 백일광白日光, 백사휴白師休, 백사직白師稷, 백사빈白師斌, 백사춘白師春 등이 그들이다. 1780년(정조 4), 식년시 무과에 백사빈이 급제했다. 주변의 아우들과 집안 식구, 어른들이 축하해 주었고, 황윤석도 물론 축하를 건넸다. 홍덕의 새로운 무과 합격자가 탄생했다며 떠들썩했다.

"백사빈이 다른 무리와는 달리 무과 기예에서 활쏘기를 잘해서 합격할 수 있었다. 요즘 세상에 돈 주고 과거 급제하는 자들과는 비교할 수 없을 정도로 너무나 자랑스러울 뿐이다."

백씨 집안사람들은 "백사빈의 무과 합격은 스스로의 능력이 출중해서 합격할 수 있었다"라며 입 모아 칭찬했다. 백사빈에 대해 축하의 뜻과 함께 매과買科하는 당대의 폐습에 동조하지 않고 오로지 실력으로 시험에 붙었다는 점을 강조한 것이다. 이 상황을 보면 무과에서도 돈으로 합격을 사는 풍조가 만연했던 것으로 보인다. 이미 조선 후기 사회는 돈이 돌면서, 신분과 직업 등을 돈으로 해결하는 광경들이 널리 퍼졌는데, 그 과정에서도 실력으로 과거시험에 합격한 것은 상대적으로 더욱 큰 의미로 다가왔다. 특히 전라도 흥덕은 서울에서도 상당히 먼 거리의 지역이고, 그 마을에서 과거 합격자가 드물게 나오던 상황이었기에 더욱더 큰 칭찬거리였을 것이다.

황윤석은 이렇게 무과에 급제한 백사빈을 몇 년 뒤 우연히 만났다. 그것도 서울 창동에 있는 통례通禮 송중건宋仲建의 주인집에서 보았다. 이때 백사빈은 백 선달로 불렸는데, 금군禁軍 소속으로 근무했으나, 만도晚到(지각)로 쫓겨났고, 액외로 분류되어 한산 출신이 되었던 것이다. 그래서 송중건의 주인집, 즉 김우득金禹得의 집 행랑에서 같이 살고 있었다.

김우득은 서울 창동에 집을 가지고, 지방에서 올라온 아급 관직자들에게 하숙을 운영하는 집주인이었다. 그와는 황윤석이 전생서주부가 되었을 때 김우득 집에서 이미 하숙하고 있던 송중건의 제안으로 그의 집에서 전생서에 출퇴근을 하게 된 인연이 있었다.

한편 백사빈의 상황은 좀 어이없는 경우이다. 몇 년 전만 하더라도 홍덕에서 새로운 무과 급제자라며 온 마을이 떠들썩하도록 축하를 받았던 인물인데, 금군에서 승승장구하나 했지만 한산 출신으로 강등되어 김우득의 집에서 보게 된 것이다. 백사빈의 경우처럼 무과 급제자라 하더라도 여러 군영에 소속되어 별 탈 없이 모두 승진할 수 있는 상황이 아니었다. 비록 무과에 합격해서 군영에 소속되어 근무하더라도 근무 중 문제가 생기면 바로 쫓겨나서 액외 소속이 되고, 한산 출신, 대기자 신분이 되는 경우가 많았다. 근무자의 빈자리가 생기면 이 대기자 중에서 다시 보충하는 방식이었다. 그만큼 대기자들도 많았고, 이들은 언제 다시 빈자리에 차출될지 모르기에 고향으로 돌아가지 않고, 서울 하숙집 행랑에서 때만 기다리고 있는 처지였다.

황윤석과 백사빈은 허심탄회하게 이야기를 나눴다. 백사빈의 하소연이 시작됐다.

"저는 집이 가난해서 일찍 나올 수가 없었습니다. 그저 액외 금군으로 지내면서 계속 의례적으로 벼슬자리를 구했었죠. 모름지기 재상가나 명사댁을 한 주인으로 정하고, 일생 동안 힘을 얻을 수 있는 후원자로 모시려고 이런저런 계획을 세워 보았지만 의논할 곳이 한 군데도 없습니다. 요즘 서유린 판서와 서유방 형제가 의탁할 만하다고 들었는데요. 괴롭기로는 그 단계에 김문순 판서가 일찍이 보여 준 바에 비할 바가 아니며, 마음이 상했지만 하나도 위로받지 못한 상태입니다. 통례 송준건 어른의 충고로 먼저 서유린, 서유방 댁을 염두에 두고 그 집을 세세히 살피고 있지만, 제가 직접 살펴보는 것도 여의치 않습니다. 다만 원컨대 두 어른이 의논하셔서 뭔가 계책을 세워 주심은 어떠하십니까?"

이에 황윤석은 웃으며 대답했다.

"송 통례가 유독 그와 같은 반응인데, 하물며 내게 무슨 방책이 있겠는가."

이 대화에서도 무과 출신자가 생계를 위해서 겸인으로 들어갈 재상 주인가를 찾고 있음을 알 수 있다. 여기에서 백사빈은 송숭건이나 황윤석 등과 같이 재상가와 어떤 식으로든 중간에 연결해 줄 수 있는 사람들을 찾아가 열심히 하소연하고 있다. 하지만 실질적으로 송중건이나 황윤석의 입장에서는 서유린, 서유방 형제나 김문순 판서 등 고위급 관료자들과 정말 가까운 교유 관계가 있지 않은 이상 단순히 한 관청의 상하 관계로서는 겸인을 추천하기가 쉽지 않았던 것으로 보인다.

황윤석과 친구로 지내며 자주 왕래했던 송계휴宋啓休에 대해서도, 그의 아버지 송렴손宋濂孫이 대놓고 추천을 요구해 온 적이 있다. 송렴손은 황윤석에게 무인 아들을 선전관으로 관직에 발을 들일 수 있도록 병조판서에게 부탁해 달라고 했다. 하지만 황윤석은 고민한다.

'내가 병판에게 장차 무슨 말을 해야 하지?'

무반직으로 진출해서 자리를 잡으면 사회경제적인 지위를 보전할 기회가 상대적으로 많았기 때문에 송렴손이 노골적으로 요구한 것이다. 이처럼 백사빈뿐 아니라 다양한 직책에 대하여 알선을 요구하거나 부탁해 오는 경우가 많았다. 그때마다 고민하며 청탁을 시도한 경우도 있지만, 정작 황윤석 본인의 관직에 대해서도 이조 단골 서리의 힘을 빌려서 여기저기 수소문하고 정보를 파악하고 있던 상황인데 다른 누군가를 위해 청탁하기란 쉽지 않았다.

대개 겸인의 길로 들어서려는 생각을 하는 사람들은 흔히 생계를 위해서라는 명분을 앞세운다. 하지만 그보다 더 큰 이유는 경제적 효과였다. 재상가의 주인을 모시면 그의 권세로 경아전 자리로 진출할 수 있고, 그 직책을 이용해 재산도 늘리고 돈을 모을 기회가 상대적으로 많아지기 까닭이다.

후일에도 백사빈은 창동 주인집에 머물며 군문의 초관哨官이라도 되어 보려고 여기저기 수소문하고 있었다. 어느 날 백사빈과 백사춘이 함께 창동 주인집에 와서 근황을 알렸다.

"우리 집안사람 백 병사兵使가 함께 있는 게 좋겠다고
해서 창동집에 함께 살려고 합니다. 그 집으로 거처를
옮겨서 군문에 초관을 노려 볼까 합니다."

이 과정에서도 백씨 집안사람들은 창동 주인집을 근거로 오고 가며 또 다른 백씨 집안사람을 서울로 불러올려 같이 기거하는 등, 가능한 한 서울에서 뭔가의 직을 얻고 생활하려는 노력을 계속하고 있다. 창동 주인집은 흥덕 사람들로 넘쳐났다. 반면 황윤석은 당시에 전생서 근무를 그만두고 귀향을 궁리하고 있던 때라 이곳을 벗어나려는 생각이 더 있다.

선택하는 겸인, 경아전

앞서 언급한 바와 같이 조선 후기 중앙관청의 아전 자리는 각 관청의 관장이 결원이 생길 때마다 자의적으로 충원할 수 있었다. 이 선발권으로 관장의 판단에 그 직임에 합당하다고 생각하는 사람을 청탁이나 주선, 추천의 방식으로 선발한 것이다. 하지만 대개는 자신의 겸인을 그 빈자리에 넣는 경우가 더 많았다.

그런데 이때 주인이 선택한 겸인이 그 자리를 마다하고 다른 겸인에게 기회를 돌리는 사례도 보인다. 이런 행동에 대해 『이향견문록』에서는 칭찬할 만한 미덕으로 기록하고 있다.

예컨대 어느 재상가의 문하에 김 모라는 겸인이 있었다. 집이 가난하고 늙은 부모를 모시느라 월급이 필요했다. 어느 날 선혜청 아전에 결원이 생기자 그 재상이 김 씨에게 그 자리를 주려 했다.

"나리의 특별한 은덕에 감사드립니다. 다만 선혜청에서 죽은 그 아전이 바로 저의 오랜 친구입니다. 몇 달 동안 병환이 심해져서 매일같이 병문안을 다녔는데, 지금 그 자리에 들어간다면 친구의 죽음을 기회로 삼는 것처럼 보이지 않겠습니까? 이런 건 정말 제가 원하는 것이 아닙니다."

재상은 그를 현명하다고 생각하고 다른 사람으로 대신했다. 얼마 지나지 않아 또 다른 자리가 생겼다. 이에 재상이 그를 다시 챙겨 주려 했다.

"나리, 지금 보니 대감의 문하에 모모의 상태가 소인보다 훨씬 심각합니다. 청컨대 먼저 쓰시는 것이 좋겠습니다."

재상은 그를 더욱 현명하다고 생각했다. 한참 있다가 또다시 자리가 생겼는데, 그제서야 김 씨를 썼다.

이런 사실이 주변에 알려지자 "가난하지만 양보할 줄 하는 것이 고금에 견줄 만한 자가 없다"라고 모두가 칭찬했다. 그 겸인의 후손들은 계속 번창했다고 전하는데, 그 사람이 바로 김환

金瓏[18]의 선조라고 한다.

비록 그의 이름은 불분명하지만, 그의 이야기는 선혜청 아전의 미담으로 남았다. 새경가의 겸인으로서 자신의 사정만 챙기지 않고, 선행을 베푼 훈훈한 이야기다. 대개 겸인이라면 실력도 있고, 야망도 있고, 욕심도 있어서 기회가 오면 절대 놓치지 않는 것이 이치다. 하지만 선혜청 김 씨는 주변의 겸인, 아전 친구나 동료의 사정을 살펴서 관청의 궐원이 된 자리를 양보하고 있다.

이 사례에서는 경아전 자리에 궐원이 생겼을 때 관청의 책임자인 재상이 자신의 집에 있는 많은 겸인 중에서 궐원을 채울 만한 인물을 선발하고 있음을 볼 수 있다. 대개는 능력이 있고, 헌신적인 겸인이 차출되었는데, 그 가운데서도 김환의 선조처럼 자신보다는 주변의 관계나 사정을 살펴서 양보하는 미덕을 보인 경우, 재상도 그런 겸인을 현명하다고 여겼다. 이 사례는 후세에까지 그 이름을 떨치고 전설로 남는 경우이다. 물론 그런 인성을 가진 겸인의 후손들도 번창했기 때문에 이런 미담이 남았겠지만, 대개의 겸인들이 자신의 손익을 먼저 따지고, 경제력을 확보할 수 있는 길을 만드는 데 더욱 치중했던 만큼 김환의 선조 사례가 더욱 부각되었을 것으로 보인다.

또 하나의 측면은 겸인들이 주인과의 관계에서 일방적으로 종속되는 관계는 아니었다는 점이다. 상당한 부분 자율성이 담보되었으며 주겸 관계는 상호 이익을 도모하는 방향에서 이루어지고 있었다. 그 과정에서 겸인의 충성심, 능력, 인품, 현명함 등 주인을 감동시키는 요소가 더해진다면 훨씬 겸인에게 유리한 방식으로 전개되었다.

또 경아전에는 궐원이 자주 생겼고 그런 기회를 통해 겸인이라는 신분을 거쳐 경아전으로 갈 수 있었다는 사실이 눈에 띈다. 앞서 황윤석이 근무했던 전생서의 사례에서도 알 수 있듯이 전생서 아전 중 다수가 판서 홍양호의 겸종이었던 점은 궐원이 생길 때마다 자신의 겸종으로 차출할 수 있는 법 규정 때문에 가능했다. 양란 이후 모자란 중앙관청 이서들을 빨리 충원해서 행정력을 원활히 하려는 의도로 시작된 법이었지만 조선 후기에는 특정 재상, 권력가의 사람으로 여러 관청을 장악함으로써 그 영향력을 키우고 경제력을 확보하려는 노력이 커졌다.

모시던 주공이 사망할 경우 대개는 그 집안의 아들 대로 이어서 주겸 관계를 대대손손 지켜 가는 경우가 많았다. 이런 관계는 재상가와 겸인뿐 아니라 지방에서도 특정 집안이나 지역이 서울에 파견되어 있는 경저리나 이조 서리가 단골 서리가 되어 집안 대대로 관계를 지속했다.[19] 이들은 주로 중앙의 정보나 인사발령에 대한 정보를 알려 주었다.

한편 정국의 변동이나 주공의 부침에 따라 주공을 갈아타는 경우도 보인다. 상당히 영리하게 처신하며 변신을 잘하는 부류이나.

황윤석이 종부시직장 때부터 사복시주부를 할 때까지 좋지 않은 관계로 계속 부딪쳤던 아전이 있다. 종부시의 서리였던 임세웅任世雄이다. 종부시 근무 당시 임세웅은 공신의 후예에게 발급하는 차첩을 받기 위해 공신의 이름, 관작 등을 위조했다. 보학에 밝았던 황윤석은 앞선 세대의 공신들에 대해서도 잘 알고 있었는데, 임세웅이 제출한 문서를 세밀하게 대조하고 조사한 결과, 그것이 위조한 문건임을 밝혀냈다. 결국, 이 일은 종부시 소속 서리의 공신 위조 사건이 되었다. 이에 따라 임세웅은 태형을 받게 되었는데, 문제는 임세웅의 주공이 해운군海運君 이연李槤이었다는 점이다. 당시 해운군은 종부시일제조를 맡고 있었고, 임세웅은 그의 겸인이었다. 임세웅은 자신이 부당하게 벌을 받았다며 해운군을 찾아가 하소연했고, 이 일은 후일에 결국 황윤석에게 타격을 입힌다.

임세웅은 공신 위조 사건 외에도 종부시의 재정을 몰래 빼돌렸다가 적발되어 결국 종부시에서 쫓겨나게 된다. 하지만 몇 년이 지난 뒤 황윤석이 사복시직장이 되어 사복시에 와 보니 임세웅은 사복시의 서리가 되어 있었다. 그리고 그의 주공은 정존겸이었다. 정존겸은 황윤석이 종부시직장으로 근무하던 당시 종부시이제조를 맡고 있었던 인물이다. 그간의 사정이 잘 나타나 있지는 않지만, 임세웅은 위조 사건에 포흠 사건까지 갖가지 문제를 일으켰고, 그에 따른 벌도 받고 종부시에서 쫓겨났지만, 얼마 지나지 않아 사복시에 다시 서리로 복귀할 정도로 특이한 이력을 가진 인물이다. 더군다나 해운군에서 정존겸으로 주인을 바꿀 정도면 임세웅의 처세술과 재력도 상당했을 것으로 보인다. 다만 황윤석의 기록에서는 임세웅의 재력에 대한 부분이 구체적으로 드러나지 않기에 확정할 수는 없으며, 19세기의 현상을 참고할 수 있겠다.

19세기가 되면 주요 중앙관청의 서리 자리들이 매매되었고, 그 주공, 후원인의 권력에 따라 여러 문제를 일으킨다고 하더라도 서리 복직이 이루어졌다. 임세웅은 처세술도 대단하고 정국 변화 등의 시세를 잘 읽을 줄 알았다. 관청의 돈에 손을 댈 정도로 대담한 면도 있다. 물론 이런 범법행위를 서슴지 않고 할 수 있었던 것은 그 주인의 권력이나 위세를 등에 업고 호가호위한 격이라 하겠지만, 어쨌든 그가 범상치 않은 인물임은 분명하다. 어떤 면에서 임세웅이란 인물은 자신의 의지에 따라 주공을 갈아치울 정도로 자신의 운명을 주도적으로 결정한 겸인으로 볼 수 있다.

서리직을 두고 충돌하는 겸인들

이처럼 성아전 자리를 누고 궐원이 생길 때마다 해낭 관정의 책임자가 그 자리를 메꾸는 관행이 계속되자 이 자리를 차지하기 위한 겸인들, 서리 간에 다툼이 치열하게 전개되었다. 명목상으로는 책임자가 궐원을 충당한다지만, 궐원이 생기는 경우뿐 아니라 궐원을 만들어서까지 그 자리를 차지하려는 싸움도 극심했다. 대개는 호조, 형조, 병조, 선혜청 등 실세 관청이나 돈, 물자가 많이 오가는 관청의 서리 자리들이 주 대상이었다. 이런 관청에 대해서는 서리, 서원, 창고지기, 하인 등 어떤 자리이든 가리지 않았다.

18세기 황윤석이 근무했던 중앙의 여러 관청에서도 경아전 자리를 두고 다투는 여러 상황이 벌어졌다. 1769년(영조 45) 10월, 황윤석이 종부시직장을 하고 있을 때의 일이다. 어느 날 종부시에 조정趙晸 대감의 청지기인 임덕겸林德謙이 찾아왔다.

"나리, 종부시에서 근무하는 수리首吏 이인창李仁昌이 수리 노릇 하는 게 너무 힘들다며 그만두고 싶어 합니다. 저는 그와 혼인으로 맺어진 친척 관계인데요, 나리께서 이인창을 면직시켜 주시면 좋겠습니다."

황윤석은 속으로 이 얘기가 진짜인지 고민스러웠다.

'이인창이 죄를 지은 것도 아니고, 집도 가난한 것으로
아는데, 수리 자리를 그만두고 싶어 하는 게 본심인지
모르겠다. 또 정말로 임덕겸에게 에둘러 부탁한 것인
지, 수리직을 임덕겸에게 양보하려는 뜻인지 잘 모르겠
다. 마땅히 천천히 상세하게 살펴보고 처리해야겠다.'

황윤석의 고심이 적중했다. 그는 이인창을 직접 불러다 놓
고 그의 의중을 살펴보았다.

"나리, 소인의 집에는 팔순을 바라보는 부친이 있고요.
제가 혼자서 모시고 있을 뿐 아니라 정말 가난합니다.
그래서 봉양할 돈이 꼭 필요하지요. 오로지 다달이 본
서에서 나오는 삭하전포朔下錢布 약간으로 겨우 충당할
뿐입니다."

이인창이 수리직을 그만두고 싶어 한다는 건 사실이 아니었
다. 임덕겸이 와서 거짓 정보를 흘린 것이다. 일부러 거짓말을
한 것이 명백했고 따라서 그를 처벌하는 것이 마땅했다. 그런

데 문제가 있었다. 임덕겸이 쌍호 조정 대감의 청지기였다는 사실이다. 조정 대감은 황윤석이 홍덕에 있을 때부터 인사를 드리고 예우해 왔던 사람이었다. 조정은 조엄趙曮의 쌍둥이 형제로 조정이 전라도 지역에 와 있을 때 황윤석 집안에서는 풍양 조씨 집안의 실세였던 조정과 친분을 쌓아 왔던 것이다. 조정과 조엄, 그의 아들 조진택趙鎭宅, 조진관趙鎭寬에 이르기까지 대를 이어 교유한 관계였다. 그런데 껄끄럽게도 임덕겸이 조정의 청지기인 것이다. 황윤석은 고민할 수밖에 없었다.

임덕겸은 이인창과 친척 간이라서 안면이 없는 것도 아닌데, 의지할 데 없는 이인창을 밀어내고, 그만두고 싶어 한다고 자기가 나서서 거짓말을 한 것이다.

종부시에 근무하는 9명의 아전은 모두 종실가의 겸종이고, 일찍이 제조를 지낸 집의 청지기였다. 그런데 제조가 사망하면 의탁할 권력이 없어지고 종실 또한 지친보다 미약해지기 마련이라 돌보고 의지할 데가 전혀 없게 된다. 이인창은 고 능창군綾昌君 이전李佺의 하인이었는데, 능창군이 이미 사망한 상태라 임덕겸이 이를 기회로 이인창을 밀어낼 계획이었던 것이다.

황윤석은 임덕겸을 매우 간사한 자로 여겼다. 반면 이인창에 대해서는 한없이 불쌍하게 여겼다. 옛말에 "억세도 토하지 않고, 부드러워도 먹지 않는다"라고 하고 "강자도 두려워하지 않고, 약자도 업신여기지 않는다" 했는데, 이를 별일 아닌 것으로 치부하긴 어려운 상황으로 판단해 이를 어떻게 처리해야 할지 고민했다.

몇 달 뒤에 임덕겸의 속내가 분명하게 드러났다.

> "나리, 소인의 뜻은 나리께서 공식적으로 문제 있는 종부시의 서리 한 명을 제명시켜 쫓아내고, 그 자리에 저를 차임해 주십사 했던 겁니다."

임덕겸은 너무도 당당하게 와서 이야기했다. 이에 황윤석은 "어떻게 잘못을 끄집어내고 어떻게 손을 쓸 수 있다는 건가, 이것이 가능한 일인가"라고 반문했다. 이인창의 상황을 너무도 잘 파악하고 있던 황윤석으로서는 그저 황당할 뿐이었다.

결국, 임덕겸은 다음 해에 종부시의 서리가 되었다. 종부시의 서리였던 임세웅任世雄이 관청에서 빼돌린 포전通錢을 갚지 않아서 종부시이제조 정존겸이 제명하게 된 것이다. 그리고 3일 안에 갚으라고 명했다. 정존겸은 임세웅의 자리를 청지기 한덕수韓德秀가 대신하는 것으로 결정하였다. 사실, 이 과정에서 조정이 임세웅의 자리에 자신의 청지기 임덕겸을 넣으려고 청을 넣었었는데 이는 불발에 그쳤었다. 이에 황윤석은 조정관작朝

廷官爵이 이처럼 희한하게 돌아간다며 가소롭게 여겼다. 그런데 상황이 역전되는 일이 발생했다. 대체자를 한덕수로 결정했던 이제조 정존겸이 갑자기 한덕수를 거부한 것이다. 그는 그 자리를 임덕겸으로 대신하기를 원했다. 그간의 내막을 살펴보면 일제조 해운군이 자신의 청지기 김도우金道遇를 쓰고 싶어 하자 서로 의견이 갈렸는데, 정존겸이 결국 해운군의 뜻을 꺾고, 김도우도 한덕수도 아닌 타협점으로 임덕겸을 임명했던 것이었다.

이처럼 임덕겸은 결국 뜻을 이뤘다. 이 과정에서 이들 겸인을 후원하는 주공들의 활약이 빛났다. 일차적으로는 종부시 서리 자리다툼이었지만 그 이면에는 조정의 입김과 일제조 해운군, 이제조 정존겸이 모두 관여되었다. 본래는 각각 자신의 겸인으로 궐원을 채우고자 했는데, 결국 조정의 겸인으로 낙찰되었다. 일제조나 이제조의 겸종이 아닌 조정의 겸종으로 결정된 것은 결과적으로 이제조 정존겸이 조정의 겸종, 임덕겸을 지지했기 때문이다. 조정과 정존겸의 합의가 있었던 것으로 보이지만, 이조차도 해운군을 이해시킬 정도의 사안이었던 것으로 생각된다.

서리 자리를 두고 치열한 경쟁이 벌어지는 것은 황윤석이 사복시주부로 근무할 때에도 또 재현되었다. 1778년(정조 2), 황윤석이 사복시주부로 임명되자 사복시배사령이 각색서리이하

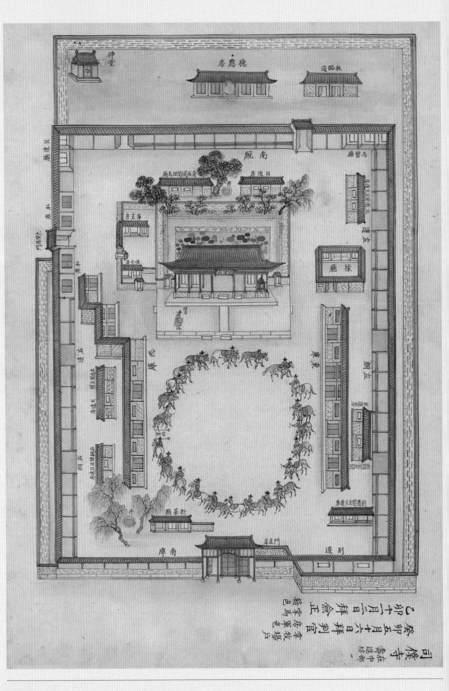

그림 17 사복시 관아도, 한필교, 『숙천제아도』 중, 하버드 옌칭도서관 소장

명부各色書吏以下名目를 바쳤다. 명단을 본 황윤석이 가장 먼저 했던 것은 걱정이었다.

"사복시에 대해 들어보니 이 서리들 모두 대갓집에 의탁하는 하인들인데 한 관서에 이름을 올려 두고서 모두 주인 노릇을 하고 있고, 이른바 관직자들은 오히려 지나가는 나그네와 같아서 좌우로 부딪혀도 손쓸 방법이 없겠구나. 어찌하면 좋을까?"

황윤석이 거처하는 하숙집 주인 이수득李壽得도 한마디를 거들었다.

"다만 사복시의 이예吏隸들은 모두 대갓집 청지기들입니다. 대개 사복시의 관원들에게 일거수일투족이 낱낱이 점검되지 않는 것은 아니지만 나리에 대해서도 더욱 엿보고 관찰할 겁니다. 행여라도 이예들을 대할 때는 세밀하게 살피고 조심하셔야 합니다. 지나치게 강하게도, 지나치게 부드럽게 대하지도 마십시오. 지금 비록 뜻을 얻었다 하더라도 원망 사는 일이 없는 것이 좋습니다."

사복시 주변에서는 이미 서리와 하인들의 행동과 새로운 관직자에 대한 대우를 알고 있었다. 더구나 대부분이 대갓집 청지기라 그 관청에 근무하는 관직자들의 상황이 낱낱이 재상가나 대갓집에 보고되고 있기도 했다. 황윤석은 이미 종부시직장 시절에 겪었던 사건이 떠오르며 걱정이 앞섰던 것이다.

그는 사복시주부로서 근무하기 위해 서울로 들어와서 반촌에 거처를 정했다. 근무를 시작한 지 며칠 뒤인 어느 날 아침 일찍 병조정색서리 임덕겸이 찾아와서 아뢰었다.

"지난번 동가動駕[20] 때 호위했던 병조정랑 송중건 나리가 말을 돌리고 서 계시다가 잘못해서 말에서 떨어졌습니다. 이런 까닭에 제가 죄를 면하기 어렵게 됐습니다. 그래서 나리가 서울로 들어오셔서 숙배하는 날을 고대하고 있었습니다. 드디어 오늘 아침 반촌에 드셨다는 소식을 듣고 부리나케 왔습니다. 나리께 한 말씀 간청 드리려고 합니다. 송 정랑 나리께 말씀 좀 잘 해주셔서 송 나리의 분노를 제발 좀 풀어 주셨으면 좋겠습니다."

"네가 한 일에 대해서 나는 아직 잘 모르고 있다. 다만 나는 너에 대해서는 알고 있지. 마땅히 너를 위해 한마디 해 주는 것은 어렵지 않다. 이후에 송 정랑 나리를 성심으로 잘 모신다면 그 어른은 평생 강직한 분이라 앞으로는 성후섬의 기세를 누를 것이다. 내가 만약 정말로 그 죄과가 있다면 반드시 중벌을 면치 못할 것이고, 죄과가 적다면 용서받을 것이다. 어찌 그 어른이 내 말을 듣지 않겠는가."

황윤석은 임덕겸에 대해선 익히 잘 알고 있었다. 임덕겸은 조정 대감의 청지기로서 황윤석이 종부시직장을 할 때 당시 수리 이인창을 몰아내고 그 자리를 차지하려 했다가 문제를 일으켰던 장본인이다. 이후 포흠 사건을 일으킨 임세웅이 쫓겨나고 그 자리에 들어왔었다. 그런데 이번에는 병조에서 서리로 일하고 있었다.

그곳에서 자신이 모시던 송중건이 낙마하는 사고를 당하자 그 벌을 받게 되어 급히 황윤석을 찾아온 것이다. 송중건과 황윤석의 관계를 잘 알고, 황윤석이 송중건에게 말을 잘해서 자신의 죄를 조금이라도 덜고자 부탁하러 온 것이다. 송중건은 황윤석과 홍덕에서부터 친분 관계를 유지하고 집안끼리도 대대로 잘 지내 오고 있는 관계였다. 실제로 황윤석이 과거시험을 보러 서울에 온 때부터 시작해서 중앙관청의 관직을 하는 동안 내내 많은 도움을 받고 있었던 처지다. 임덕겸이 조정의 겸종이고, 조정 또한 황윤석과 교유 관계를 맺고 있었다는 점으로 추측해 보건대 조정의 조언이 있었을 것으로 보인다.

조선시대에는 기본적으로 인맥 관계가 내면적으로 깔려 있는 상태에서 정치, 행정, 제도 등의 운영이 이루어지고 있었다. 따라서 임덕겸도 공식적으로는 죄과를 물어 처벌될 것이 분명하지만 우회하여 여러 인맥을 통해 죄과를 줄여 보려고 노력한 것이다.

황윤석의 반응은 여느 때와 마찬가지로 원칙적으로 대응하는 것이었다. 사건의 전말을 정확하게 인지하지 못하는 상황에서 무조건 임덕겸을 두둔하지도 않지만, 임덕겸의 잘못이 크다면 중벌을 받을 것이고, 그렇지 않다면 용서받을 수 있을 거라고 조언한다. 그리고 한마디를 덧붙인다. 임덕겸이 진실되게 죄를 뉘우치고 상관인 송중건에게 잘한다면 큰 문제가 되지 않을 거라고.

중앙관청 서리 자리를 놓고 이리저리 문제를 일으켰던 임덕겸이지만 그는 조정의 청지기라는 튼튼한 배경이 있었다. 또 그는 조정과 황윤석 관계를 잘 알고 있을 뿐 아니라 황윤석과 송중건의 관계까지 꿰고 있어서 어디에 청탁을 넣어야 하는지, 어느 곳에 줄을 댈 수 있는지 잘 알고 있었다. 황윤석의 입장에선 조정과의 관계를 보더라도 임덕겸 건을 무시할 수 없었을 것이다. 그래서 송중건이 자신의 말은 잘 들어줄 거라고 마지막으로 안심시키고 있다.

19세기의 상황은 조금 더 적나라하고 광범위하게 전개되고 있다. 중앙관청의 서리직마저 거래되고 있으며, 여전히 주공이 힘을 쓰고 그에 따라 겸인이 여러 관청에 포진하고 있다. 박영원의 겸인이자 경아전이었던 이윤선이 쓴 『공사기고』에도 당시 서리직을 놓고 싸우는 사례가 등장한다.

1848년(헌종 14)에 대왕대비와 왕대비전 등에 상호를 올리는 행사가 있었다. 『헌종실록』에는 이해 3월에 상존호上尊號 의례가 무사히 끝나면서 상호도감의 도제조 이하 여러 관료 및 참여자에게 포상을 한 기사가 있다. 당시 상호도감의 제조였던 공조판서 박영원朴永元, 병조판서 서좌보徐左輔, 호조판서 조두순趙斗淳, 예조판서 김흥근金興根 등은 모두 자급을 올려 주었다. 또 같은 날 진찬소進饌所 당상과 낭청 및 사옹원, 장악원, 상의원 등 진찬에서 수고한 여러 관료 및 실무진에게는 상을 내렸다. 진찬 당상이었던 예조판서 김흥근, 이조참판 김정집金鼎集, 개성유수 조병준趙秉駿, 황해감사 윤정현尹定鉉, 행도승지 윤치수尹致秀, 낭청부응교 윤치영尹致英 등도 모두 자급을 올려 주었다.

뿐만 아니라 상존호 행사에 참여한 실무진 서리급에 있어서도 각종 상을 내렸다. 당시 서리들에 대한 상전賞典의 총괄은 종사관 윤치영이 담당하고 있었는데, 서리급에게 그들이 원하는 대로 상을 내려 주라는 명령이 적힌 별단이 내려왔다. 이에 따라 이윤선의 계부는 호고戶庫를 원한다고 아뢰었다. 그런데 당상 서희순徐憙淳의 문하인이었던 백영묵白永黙도 마찬가지로 호고를 원했다. 문제는 서희순이 이윤선이 근무하고 있던 총위영總衛營의 사또를 겸하고 있었다는 것이었다. 이에 윤치영의 입장이 난감해졌다. 윤치영은 그 청탁을 무시하기 어렵게 되자, 결국 두 사람 모두를 호고에 차출한다는 의견을 올렸다. 결국 호조판서 조두순이 결정해야 했다. 그 또한 고민하며 결정을 미루고 있다가 여러 날이 지나서야 겨우 임금에게 이런 사실을 알렸다. 결국 조두순은 '국왕의 뜻'이라고 하면서 두 사람 모두를 호고에 차출하도록 허락해 주었다.

이런 포상의 이면에는 윤치수의 사전 공작이 깔려 있었다. 이윤선의 숙부에게 사주하여 은밀히 그 동생, 이윤선의 계부를 함께 주선케 해서, 호고 자리를 백영묵에게 뺏기지 않고 두 사람 모두를 차출하도록 계책을 낸 것이다.

이처럼 국가의 경사를 위해 마련된 임시기관 도감에 차출되어 힘쓴 서리들에게는 다양한 포상의 기회가 주어졌고 서리들이 원하는 것을 상으로 주도록 따로 별단이 내려왔다. 물론 서리들은 이런 특별한 기회를 놓치지 않았다. 도감에 차출되는 것 자체가 자신이 원하는 것을 얻고, 경제적인 부를 확대시킬 수 있는 절호의 기회였다. 자신이 원하는 반청의 서리도 옮겨 가거나 가자를 통해 자신 집안의 가격家格을 높이고, 혹은 자신의 집안사람이 서리직으로 진출할 수 있도록 요구했다. 실제로 이윤선의 부친 이기혁李基爀은 부묘존숭도감祔廟尊崇都監의 포상으로 '일방패장一房牌將'으로서 현 직책보다 높은 벼슬을 받는 특전이 주어졌다. 이를 기반으로 실직을 제수했고, 1862년(철종 13)에는 종2품 가선대부嘉善大夫의 가자를 받았다.

이 사례에서는 윤치수와 이윤선 집안의 특별한 관계가 보인

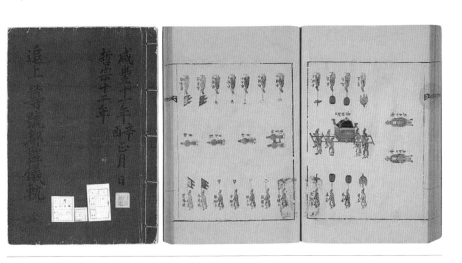

그림 18 『순조대왕추상존호존호순원왕후추상존호도감의궤』 한국학중앙연구원 장서각 소장

다. 더 정확히 말하면 이윤선의 주공이었던 박영원의 정치적 교유 관계 속에서 이윤선 집안도 이에 함께했다. 박영원은 소론의 실세로서 이돈영李敦榮, 정원용鄭元容 등의 소론가와 밀접한 관계를 유지했다. 또 한편으로 권돈인權敦仁, 윤치수 등 풍양 조씨파와의 유대 관계도 유지했다. 이 속에서 박영원의 겸인이었던 이윤선과 그의 집안도 마찬가지로 이들 소론가 집안과 윤치수 집안과 밀접한 관계를 유지했던 것이다. 특히 윤치수(윤치희尹致羲로 개명)는 헌종의 측근으로 이름났다. 그는 헌종과 사사로이 만나는 별입시別入侍하는 관계로 당시 과거 부정 사건에서 국왕의 뜻을 빙자하여 개입한 경우도 있던 인물이다.

상호도감의 포상에는 박영원, 윤치수, 윤치영 등이 모두 포함되었고, 특히 윤치수의 동생 윤치영이 서리들에게 내리는 상전을 총괄하는 종사관 역할을 하게 된 것은 형이었던 윤치수의 물밑 작업이 있었던 것이다. 하지만 총위영 사또인 서희순의 겸인까지 호고 자리를 노리자 왕의 재가를 핑계 삼아 호판 조두순이 두 사람 모두를 허락하기에 이르렀다.

국가 재정의 중심 부서였던 호조의 창고, 호고는 그야말로 서리들이 선망하는 자리였다. 더구나 이 자리는 호조판서가 충분히 차출할 수 있었던 관계로, 윤치수 쪽에서 미는 이윤선의 계부와 서희순의 겸인 백영묵이 대결하는 구도, 서로 충돌하는 상황까지 연출되었으나 결국엔 양쪽 모두를 택하는 정무적 판단이 들어간 경우이다. 세도 정권 아래에서 세력 관계에 따른 편의적 방식을 따랐나고 볼 수 있다.

경아전의 위세, 호가호위

재상가나 대갓집의 청지기가 중앙관청의 이에로 배치되는 상황은 실질적인 행정운영에도 막대한 영향을 끼쳤다. 중앙관청의 최고 책임자급인 제조와 부제조, 임명을 받고 업무의 책임을 지는 관직자, 실무를 담당하고 움직이는 아전, 하인들 내부에서 관청의 효율적인 업무는 때때로 어려움을 겪곤 했다. 아전들이 상급 관직자들의 명령을 제대로 이행하지 않는 경우가 많았던 탓이다. 대개는 실무적으로 움직여야 하는 사람들이 그 관청의 최고 책임자의 겸종이거나 재상가의 겸인인 경우가 많았기 때문에 종6품에서 8품 정도의 행정 책임자급 관직자들이 역으로 떠는 경우였다.

황윤석도 여러 관청에서 그런 상황을 자주 접했다. 황윤석이 종부시직장으로 임명되어 근무하기 시작한 지 얼마 되지 않았을 때이다. 어느 날 종부시의 공방서리 임세웅이 찾아왔다.

"나리, 일제조 해운군의 분부로 말씀드릴 일이 있습니다. 태종 때 좌명공신佐命功臣 가선대부嘉善大夫 한성좌윤漢城左尹 옥성군玉城君 장중석張仲錫의 12대손 장사랑將仕郞 장지한張志翰의 입계入啓를 요청드립니다. 사과직司果職에 부쳐서 서사충의書寫忠義에 임명하는 문건을 올려 주십시오."

황윤석은 조금 미심쩍게 생각했다. 그래서 집에 보관 중인 『열조공신록列朝功臣錄』을 떠올렸는데, 그 안에는 장중석이란 이름이 없었다.

'지난번에도 첫 번을 설 때 서리 한 놈이 일제조 나리의 명이라고 하면서 밀원부원군密原府院君 박건朴楗의 12대손이라고 운운한 적이 있었지. 그자도 '서사충의' 발급을 요청했었다. 그때에도 국초의 공신 중에 밀원부원군 박건이란 이름은 없었는데!'

하리들이 나에게 사기 친 거라는 생각이 들었다.

'따져 보니 그 서리 놈이 충훈부에 품보稟報하기를 요구했는데, 일제조가 '서사충의차첩' 초안을 언급했다고 하고, 서리는 이것을 당상이 조절한 것이라고 한다. 혹

시나 공갈 협박을 하는 건가? 만약 알려 주려고 한 것이라면? 관직자가 마땅히 해야 할 바는 아니다.'

생각이 여기에 미치자, 황윤석은 언성을 높여 꾸짖고 내쫓으며 말했다.

"당당하게 임금 앞에 서서, 오히려 면절面折하고 정쟁庭諍도 하는데, 하물며 당상이냐? 또 당상이 어째서 본 적도 없는 장가를 들먹이며 사기 치는 자를 보호하겠는가! 너희 같은 무리가 어찌 감히 관원을 농락하려 하느냐?"

황윤석과 같이 보학에 밝은 인물에게 허위로 공신 후손으로 조작해서 충의차첩을 발급받으려고 한 자는 바로 종부시의 서리였다. 다른 사람도 아닌 같은 관청에서 일하는 서리였던 것이다. 이처럼 종부시에 대해 충의차첩을 발급하도록 청탁이나 압력이 상당히 들어오고 있었던 상황이다.

종부시의 서리가 자신에게 한 사기행각에 대해, 황윤석은 경아전들이 관원들을 놀리고 농락하는 것으로 받아들였다. 이조리 김덕준은 화가 끝까지 나 있는 황윤석을 달래며 이렇게 말했다.

"나리, 소인은 황공하옵게도 종부시에서 입직을 오래 하지는 않았습니다만, 서리배들이 평소에 가낭청과 함께 입직하는 사람들과 매우 가깝게 지내고 있습니다. 오랜 습성이 있기는 하지만 어찌 감히 나리를 무시하고 무례하게 굴었겠습니까? 불가합니다. 한편으로 굽히고 복종하는 저 서리들이 어리석은 짓을 하든, 똑똑한 짓을 하든 엄히 질책할 필요는 없습니다. 다만 충훈부에서 살펴보도록 전갈을 보내시거나 개인적으로 이조에 연락해서 『공신안』을 직접 살펴보시는 것이 좋겠습니다. 진위를 파악할 수 있을 겁니다."

이조서리 김덕준은 황윤석의 단골 서리로, 중앙의 정보를 듣거나 도목정, 포폄, 관직의 궐원 등 다양한 사안에 대해 조언하고 정보를 주는 존재였다. 하지만 그 또한 이조서리임은 분명하다. 그는 황윤석과 개인적인 친분과 관계를 유지하고 있어서 황윤석은 그가 요구했던 최중익의 '서사충의차첩'은 흔쾌히 받아들였다. 그에 대해 별 의심을 하지 않은 채 충훈부로 서류를 넘겨주었다. 이 사안에 대해서는 이미 최중익의 내막을 사전에 교감했을 것으로 보이지만, 그의 기록에선 자세한 내용이 보이지 않는다. 황윤석의 평소 태도로 볼 때는 충분히 최중익에 대해 조사했을 것으로 보인다. 따라서 임세웅의 요구에 대해서도 진위 여부를 먼저 따져 보고 나름대로 결론을 내리고 질책했던 것으로 보인다.

이렇게 종부시의 서리가 일제조의 분부를 핑계로 충의차첩을 받아 내려고 시도하는 데는 조선 후기 공신 후예에 대한 예우에 관한 여러 법규가 변한 것이 한몫했다. 충의차첩의 경우 종부시에서 실충의관교實忠義官敎를 내는데, 이때 종부시제조가 충훈부를 거쳐서 병조에 관문關文을 보내어 임금의 승낙을 받는 과정으로 진행되었다. 그러다가 제조 이익정李益炡이 비로소 옛 규칙을 복구하였다. 종부시직장은 이 일을 전담하는 장무관으로서 충의를 직접 차출하고 인장을 찍거나 공명첩을 만드는 방식으로 문서를 작성했다.

충의차첩 발급 규정의 변화를 파악하고 종부시 재정이 얼마나 열악한지를 알게 되니, 종부시 근무자들이 주변의 청탁과 압력에 취약할 수밖에 없는 구조도 짐작할 만하다. 종부시사령이 추가로 이에 대한 내력을 자세히 알려 주고 있다.

"원래 종부시 노비는 공전貢錢을 거두었기 때문에 옛날
에는 풍족했었습니다. 하지만 균역법이 시행되고부터
는 해마다 감소하여 350냥밖에 되지 않습니다. 그나마도 균역청에 바치게 되면서 종부시가 더 가난해졌지요. 서리나 고지기, 사령들이 그동안에 받았던 삭하전朔下錢, 요물料物 등은 충분하지 않고요. 세 낭위郎位[주부, 직장, 봉사] 나리들도 입직할 때 받는 외마가喂馬價가 이전의 6분의 1밖에 되지 않습니다. 이런 상황을 해결하려고 전직 낭위였던 엄사민嚴思敏 나리가 두 제조에게 알렸습니다. 결국 균역청으로부터 일부를 환부하고, 시전상인으로부터도 일부를 받아서 본전을 삼게 되었지요. 하지만 그래도 종부시의 재정 상황은 나아지지 않고 있습니다."

이렇게 가난해진 종부시에 새로운 일거리가 들어온 것이다. 곧바로 충의차첩을 발급받으려는 자들로부터 청탁이 밀려들었다.

"시골 출신 평민 중에서 이씨들이 충의차첩을 받으려고 하는데, 호남 출신이 제일 많습니다. 이유는 서리 중에 호남색리 필채筆債가 적지 않기 때문이지요. 나라에서 상존호 등의 경사가 있을 때는 어첩御牒을 개간改刊하기 위해 종부시에 도감이 설치됩니다. 그때 종부시

직장, 주부, 봉사가 각각 승진할 수 있지요. 직장 나리께서도 근무일수를 모두 채우지 않아도 바로 6품으로 나아갈 수 있으니, 이게 바로 지름길입니다."

종부시사령이 들려준 얘기는 이제부터는 종부시가 충의차정을 받기 위해서 반드시 거쳐야 할 관청이 되면서 서리들의 사정이 조금 나아질 수 있다는 것이었다. 또 종부시가 가난한 관청이지만 존호도감 등 특별기구가 설치될 때 도감에 동원되는 관청이기 때문에 전부 상전을 받을 기회가 있다고 했다. 이는 관직자뿐만 아니라 서리들도 마찬가지였다.

종부시는 선원록을 보관하는 곳인 만큼 선원록청璿源錄廳으로 인해 서사충의를 배정할 수 있었다. 이 때문에 자주 찾아와서 청탁하는 사람들이 늘었다. 종부시에서는 전례에 따라 수결手決로 문건을 허락해서, 이씨 성을 가진 자만이 차정을 받는 것이 아니라 이씨 성이 아닌 자도 지극하게 천한 자만 아니라면 허락했다. 단지 실직實職의 실충의차첩實忠義差帖의 경우에만 제조가 임금의 재가를 받아야 했다. 혹 공신 후손의 명목으로 발급할 때는 충훈부를 거쳐서만이 충의에 차정될 수 있었다.

그런데, 공신 위조 사건을 일으킨 임세웅이 해운군의 옛 청지기로서 그 주공이자 종부시제조의 위세에 힘입어 입직하는 관리들을 조롱하고 있다는 소리를 듣게 된다. 또 공신의 이름을 들먹이자 황윤석은 재차 나무랐다. 충의첩 발부 건은 미수에 그쳤다. 황윤석이 볼기를 칠 것을 결정하자 임세웅은 원망을 품고 해운군에게 달려가서 거리낌 없이 고해 바쳤던 것이다.

아침 일찍 장무서리가 급히 달려와서 아뢰었다.

"일제조 해운군 댁에서 전배사령 김득금을 체포해서 가두라는 명령서를 냈답니다. 이 때문에 나리께 행공行公을 하지 말라는 명이 내려왔습니다."

일이 터졌다. 임세웅의 하소연을 들은 해운군이 전배사령을 잡아가서 전옥서에 가두어 버린 것이다. 종부시일제조이자 종친부 당상인 해운군이 자기 집 청지기인 임세웅이 황윤석에게 볼기를 맞자 선원록청 명분의 발패發牌로 김득금을 잡아간 것이다. 김득금은 황윤석을 모시는 사령이었다. 해운군이 법을 무시하고 발패해서 황윤석에게 보복한 것이었다.

그런데 이 사건이 영조에게까지 보고되어 『조보』에 실린다.

'용패用牌의 폐단이 백성들에게 무척 심하다. … 지금 들으니 갇혀 있는 무리 중에 선원록청 청지기도 있다

고 하는데 황윤석의 하인이다. 관원에게 놀랄 만한 일
이 벌어졌다. … 초기草記에는 태거汰去하는 것이 좋겠
다고 했으나 그 하인에게 죄가 없기에 방면되었다. 마
땅히 해당 제조를 종중추고從重推考하라.'

해운군이 선원록청 발패를 낸 것은 불법이었다. 명령서인
패牌를 쓸 때는 반드시 정해진 규칙이 있었다. 종친부나 전설사
등에서 왕자나 대신의 체모를 존중하는 뜻에서 이 이름으로써
명령서를 발부하거나 도감 명의의 명령서를 발부할 수 있었다.
특히 도감이 설치되었을 때만 패를 쓸 수 있고, 평상시에는 불
가능했다. 선원록청에서는 선원록과 관계되는 일일 경우, 혹은
교정청이 설치되었을 때 패를 사용하는 사례가 있다. 원래 이
규정은 서울과 지방의 곤장금지령(京外禁棍例)에 의거하여 시작
되었는데, 도감이 설치되었을 때조차 선원록과 관계되는 일이
아니라면 엄하게 금지된 일이었다.

그런데 해운군이 종친부 당상이면서 이런 규정을 어기고 패
를 쓴 것이다. 마침 김득금이 전옥서에 갇혔을 당시는 국가의
경사로 축하행사가 거행되던 때라 사면령을 반포하려고 했던
때였다. 그래서 전옥서에 갇힌 자들의 명부를 영조가 직접 보게
되었다. 이때 눈에 띈 자가 바로 김득금이었다. 영조는 해운군

이 불법으로 발패하여 황윤석의 하인을 잡아 가둔 사실을 인지했다. 종친이 불법적으로 패를 씀으로써 무고한 백성이 괴롭힘을 당하고 있음을 알게 된 것이다. 김득금은 사면령과 함께 바로 풀려났다. 해운군에 대해서는 영조가 특명을 내려 죄의 경중을 따져서 처리하도록 했다.

황윤석은 처음에 해운군의 발패 내용과 함께 행공하지 말라는 전갈을 받았을 때는 무슨 일인지 파악하지 못해서 해운군의 뜻을 살펴보려고 여기저기에 수소문했다. 그러나 문제가 심각해졌음을 직감하고, 해운군으로 인해 파직될 것으로 예측하여 떠날 준비부터 서둘렀다. 자신이 이 위조 사건을 원칙대로 처리했음에도 불구하고 해운군에게 보복을 당한다는 사실에 그저 한탄할 뿐이었다. 하지만 사건이 생각 외로 커지고 영조의 귀에까지 들어가게 되면서 결국 해운군이 종중추고를 당하는 것으로 마무리되자, 그제서야 황윤석은 안도의 한숨을 내쉬었다.

후속 조치가 잇따랐다. 일제조 해운군의 명으로 임세웅은 태 10대와 함께 쫓겨났다. 갇혔던 배사령 김득금은 직장색장直長色掌으로 황윤석을 모시게 됐으며, 구종丘從에게 임세웅의 자리를 채우게 했다.

임세웅의 위세는 해운군으로부터 비롯되었지만 해운군의 선원록청 발패로 인해 종부시에서 쫓겨난 처지가 되었다. 종부시는 종친을 일제조로 삼은 특수한 관청이다. 왕실과 관계될 뿐 아니라, 선원록을 보관하고 필사하는 등의 업무를 하고 있어서 송진늘을 배제할 수 없는 성석을 시니고 있다. 국왕의 입상에서도 왕실과 관련되는 관청이라 비중이 컸다. 황윤석은 한 종부시 서리의 불법행위를 적발하고 그에 합당하게 처리하려 했지만, 오히려 종친의 사람을 건드렸다는 점 때문에 큰일을 치렀다. 『조보』에까지 이름이 오르내렸다. 합법적이고 규정에 맞는 방식의 처리조차 주겸 관계를 가진 서리에겐 쉽지 않았다. 오히려 권력가 사람을 건드린 것이 되었고, 그 권력가를 공격하는 것으로 간주되었다.

그런데 임세웅은 오뚜기처럼 다시 종부시에 들어왔다. 6개월 남짓의 시간이 지난 후에 임세웅은 종부시의 공방서리, 그것도 수서리로 복직되어 있는 상황을 볼 수 있다. 하지만 또 다른 임세웅의 불법행위가 적발된다. 임세웅이 종부시 관청 자금을 빼돌린 것이다. 이 사건이 발생하자 공방서리工房書吏 조항유趙恒裕와 고지기 이세형李世亨 등이 찾아와서 관전官錢의 출입 규칙과 함께 임세웅의 비리를 알려 주었다.

"엄 직장 나리가 계시던 작년 5월에 정식을 만들었습니다. 반드시 문서를 고찰해서 원래 숫자를 적고 궤짝

(官櫃)에 넣고 봉한 뒤에 자물쇠로 잠급니다. 또 관봉官封에서 돈이 드나들 때 임시로 궁색하게 돈을 빌려주어서 누락되거나 빠지는 것이 없도록 했습니다. 그런데 최근에 공방서리 임세웅이 공방에서 수리를 맡으면서 제멋대로 돈을 출입시켰습니다. 정식문서도 없고, 다만 관궤에는 허수로 채워 넣었죠. 처음부터 관궤에 실제로 보관한 것이 없었기 때문에 폐단이 허다하게 많아졌습니다."

"예삿일처럼 갑자기 뜯어고치는 것은 어려울 것이다. 22일에 번을 교대하기 전까지 한정해서 그자에게 문서의 원래 숫자를 갖춰서 관궤에 채워 놓고 정식과 같이 만들어 놓도록 전하거라. 그렇지 않다면 마땅히 이런 사태를 두 당상 댁에 가서 알리고 태를 치고 쫓아내는 징계를 하도록 할 것이다."

전임 직장은 종부시의 회계 규칙을 새로 만들어서 운용하고 있었다. 돈이 들고 날 때마다 문서에 정확히 기록하고 그것을 궤짝에 넣고 보관하며 실제 남아 있는 부분과 일치하도록 정해 놓았다. 그런데 임세웅이 공방의 수리가 되면서 제멋대로 돈을 빼돌려서 사사로이 운용한 것이다. 돈의 출입에 맞춰 회계문서도 맞춰서 작성해 놓아야 했지만, 허위로 숫자만을 기록하고 실제 보관하고 있는 숫자가 맞지 않았다. 기록도 정확하게 남겨 놓지 않은 채 임의로 관정 논을 빼놓았다. 이때만 해도 그 규모에 대해선 구체적으로 지적하고 있지 않지만, 이 문제가 공개적으로 터지면서 전모가 밝혀진다.

공방서리와 고지기가 알려 올 때만 하더라도 황윤석의 입장에서는 문제를 크게 만들기보다는 임세웅에게 빨리 비는 부분을 채워 넣고 정식대로 문서도 작성해 놓기를 바랐다. 그래서 체번하기 전까지 기한을 정해서 바로잡으라 명령하고, 그렇지 않다면 두 당상에게 보고해서 처벌을 하겠다고 했다. 이때까지만 해도 무조건 임세웅을 처벌하기보다는 만회할 기회를 주고자 했다. 하지만 임세웅은 막무가내였다.

끝끝내 임의로 전용했던 18냥을 갚지 않았다. 황윤석은 이런 사실을 두 당상에게 알렸다. 이제조는 임세웅에게 볼기 20대를 치고 3일 안에 모두 갚으라고 명령을 내렸다. 하지만 임세웅은 한 달이 넘도록 메꿔 넣지 않았다. 무려 3차례나 기회를 주었지만 말을 듣지 않았다. 결국 볼기를 치고 그 사실을 제조에게 보고했다.

그런데 알고 보니 임세웅의 주공 해운군도 종부시로부터 빌린 돈이 1,500냥이나 되었다. 이 돈을 발전鉢廛(바리전) 상인들에게 투자한 것으로 보인다. 하지만 의정부 하교로 종부시에서 돈을 환수해야 할 상황이 벌어진 것이다. 이 돈은 공시인들이 쓰고 있었고, 그 이자를 냈던 것으로 보이는데, 이를 한꺼번에 돌려받으려 했다. 공시인들은 오히려 해운군에게 호소하고 있었다. 중앙의 관청에서 이자놀이하는 것을 중지하라는 하교로 인해 문제가 발생한 것이다. 하지만 이 돈은 종부시 돈이 아니라 선혜청에서 빌린 돈이었다. 이제조인 정존겸은 본전을 거두어들여서 모두 청산하자고 주장하여 해운군과 의견을 달리했다. 점점 답답한 상황이 계속되자 황윤석을 불러서 상의했지만 황윤석의 입장에서도 별달리 뾰족한 수가 없는 것은 마찬가지였다.

임세웅의 관청 자금 유용 사건도 어찌 보면 해운군의 자금 유용과 비슷한 면이 보인다. 해운군의 경우 1769년에 선혜청에서 1,500냥의 자금을 끌어들여 종부시로 들여와서 자신의 이름으로 바리전 상인들에게 빌려주었다. 그리고 1년 동안 그 이자를 받아왔던 것으로 보인다. 명분은 종부시의 재정 상황이 좋지 않아서라고 하지만, 이 사실을 알게 된 이제조 정존겸은 중앙관청의 투자投資를 금지한 「의정부 하교」를 내세워 빨리 선혜청에 돈을 갚을 것을 강력히 주장했다.

임세웅은 관청 자금 유용 사건으로 볼기를 맞고 또 쫓겨났다. 해운군은 종부시일제조로서 1,500냥을 빌렸다고 하지만,

한편으로는 개인의 이름으로 투자한 상황이라 그 처리 방식이 애매했다. 종부시 재정 상황이 좋지 않았음에도 임세웅은 포탈한 18냥으로 인해 쫓겨났고, 해운군은 1,500냥을 유동에서 선혜청에 갚아야 하는 방책을 고민하고 있었다. 각 관청의 이식 사업은 종부시만의 상황은 아니었다. 그 규모나 범위의 차이가 있을 뿐이다.

임세웅과 황윤석은 이후 또 만난다. 황윤석이 1778년 사복시 주부로 임명되어 가 보니 임세웅는 사복시의 서리로 와 있었다. 임세웅이 종부시 자금 유용 사건으로 쫓겨날 때 그 자리에 대신 차정될 뻔했던 정존겸의 하인 한덕수도 사복시에 와 있었다.

이미 종부시 근무 때부터 여러 사건에 얽혀 있던 종친가, 재상가의 겸종들이 또 사복시의 서리로 와 있었다는 사실은 그 겸종들이 각 관청에서 사건을 일으켜서 쫓겨나도 다른 관청으로 다시 들어갈 수 있었음을 의미한다. 이 모든 것은 결국 주공의 권세와 영향력으로 가능했고, 그 겸종들은 마치 호가호위를 하는 것처럼 특권을 누렸다. 반면 이들을 상대하고 중앙관청의 행정업무를 끌어가야 했던 실무급 관직자들은 상급자인 제조와 이들의 겸인 서리들 중간에서 처신하는 것이 쉽지 않은 상황이 연출되었다.[21]

19세기 호조서리였던 이윤선은 그가 호조라는 주요 관청의 서리였던 만큼 일과 연관된 지방관아의 서리나 상인들과의 관계가 있었다. 뿐만 아니라 관찰사와 같은 지방관에게도 청탁을 할 수 있는 관계가 형성되었다. 대부분 일로써 친분 관계가 이어졌지만 이윤선이 중앙관청, 특히 호조서리로서 매사에 우위에 서서 편의를 제공받는 관계였다.

이윤선은 집안의 산소로 인한 문제가 발생하자 관찰사를 동원했다. 이윤선의 부친 이기혁의 묘를 쓰기 위해 지사地師를 보내 준비하고 있었는데, 갑자기 이웃에 살던 노여삼盧汝三이란 자와 그의 조카가 나타났다.

> "이곳은 우리 고조모 본가 옛 무덤 아래 땅이고, 무덤이
> 마주 보이는 곳이라 묘를 쓸 수 없소!"

하지만 원래 그 땅은 이윤선 집안에서 50년 전에 정광서鄭廣西라는 동네 사람으로부터 구입한 땅이었다. 맨 아래쪽엔 정광서의 첩의 봉분이 있어서 그것마저도 옮기겠다고 해서 쌀과 돈을 후하게 쳐 주었었다. 그런데 이제 갑자기 처음 보는 사람들이 나타나서 막고 서서 버티자, 관찰사에게 급히 도움을 요청했다. 영리에게 보내는 공문서를 작성해서 그들이 농간을 부릴 때마다 잡아 가두기 위해 만반의 준비를 했다. 그동안 정광서

의 딸이라 주장하는 사람이 같이 등장했고, 그들을 직접 대면시켜 따져 물었더니 이번엔 100냥을 주면 방해하지 않겠다고 했다. 결국 그 손자사위 생원 민 씨가 핑곗시 때의 일을 증언하면서 일단락되었다. 일의 전말을 보면 노여삼이 정씨 사람들을 들쑤셔서 돈푼이나 벌어 보겠다고 벌인 해프닝이었다. 정광서의 딸, 손자사위 민 씨 등은 죄를 뉘우치며 겨우 여비를 얻어 돌아갔고, 노여삼의 조카는 옥에 가두는 걸로 해결되었다.

이 사례를 보면 산소 때문에 소송까지 간 사건은 아니었지만 문제가 발생하자 바로 관찰사에게 연락했다는 점에 주목할 수 있다. 관찰사 명의의 공적인 문서들이 곧바로 오고 갔다. 이 관찰사는 주공 박영원의 인맥이라기보다는 호조서리 이윤선의 인맥으로 보인다. 또 산소가 있던 지역의 집사執事, 나장羅將, 차사差使, 색리, 압령押領 등이 이윤선의 연락과 동시에 모두 동원될 정도였다. 중앙관청의 서리는 지방관아의 서리로부터 공적인 일이 아닌 사적인 집안일까지도 도움과 협조를 얻을 수 있는 위치였다. 따라서 이 사건은 불과 며칠 만에 해결되고 농간을 부린 자를 가두고, 죄를 뉘우친 자들은 용서해 주는 해결책을 보였다.

중앙관청, 특히 호조의 서리이자 박영원의 겸인이라는 배경은 자신의 고향과 지방에 일이 생겼을 때 후한 도움을 받을 수 있는 징표 같은 것이었다. 산송 문제는 대개 집안 대대로 해결이 어려운 경우도 많았는데, 이윤선의 경우 그 심각성이 적지만 쉽게 해결할 수 있었다.

호조서리와 상인과의 관계도 볼 수 있다.

이윤선이 송도에 주변 지인들과 유람을 갔을 때이다. 이윤선은 동료 호조서리의 형과 거래 관계가 있던 송도객주 손덕현 孫德玄에게 보내는 부탁의 편지, 신임장을 지참하고 손덕현을 찾았다. 그야말로 엄청난 환대를 받았다. 이 여행에는 호조 동료 서리들이 여러 명 동참했고, 송도객주 손덕현이 접대를 위해 또 여러 송도 사람을 불렀다. 매일 밤 풍악이 울리고, 창기를 부르고, 스스로 피리를 불며 밤을 지냈고 개성의 여러 명소의 유람에 나섰다. 손덕현의 환대는 유람 중 잠깐씩 쉴 때마다 교자상 가득 음식을 준비하고, 술과 여행 비용을 따로 대 주기도 할 정도였다. 이윤선 스스로도 그 수량을 헤아릴 수 없을 정도였다고 쓰고 있다. 이윤선은 이런 손덕현의 태도를 개성사람의 풍속이라고 하면서 '당초에 쥐를 잡을 때는 쥐꼬리를 잡아야 한다'라는 속담을 빗대고 있다. 너무나도 확실하게 접대해서 벗이나 피붙이 같은 친밀감을 느낄 정도의 대접에 놀라고 있다.

그런데 이 송도객주가 무슨 까닭에 호조서리들을 이처럼 극진히 모셨던 것일까를 생각한다면 호조와 송상 간의 공식·비공식적인 관계를 따져 볼 수 있겠다. 동료 호조서리의 형의 신임장과 같은 부탁 편지를 가져갔지만 이것 하나로 과할 정도의 접대를 받았다고 볼 수는 없다. 호조서리의 형과 손덕현의 관계가 주를 이루겠지만 이것은 두 사람 관계를 넘어서 호조와의 관계로 확장시킬 수 있는 좋은 기회였을 것이다. 호조는 국가의 재정을 담당하는 곳일 뿐 아니라 많은 산물과 자금이 드나드는 곳이다. 송상의 입장에서는 호조라는 중앙관청, 나아가 국가 행정조직과의 공식, 비공식 관계로까지 확장될 좋은 기회였다.

3

경아전과 중앙관료의
네트워크 분석

조선 후기 중앙관청에 있어서 재상, 권력가 겸종들이 이예로 존재하게 되기까지의 과정과 이른바 주겸 관계로 정리할 수 있는 이들의 네트워크 상황을 어땠을까? 먼저 조선의 행정운영 측면에서 없어서는 안 될 서리 하예들, 특히 경아전의 다수를 차지하고 있던 겸인은 어떤 사람들이었을까?

조선시대의 '겸인'은 대갓집의 집사 역할을 한 사람이다. 주로 청지기(廳直)로 불렸고, 그 외에도 소사小史, 통인通引, 문하인門下人, 문객門홍 등이 모두 이 범주에 들어간다.

황윤석은 '청지기'를 '서울 재상명사가宰相名士家에서 사랑하고 기르며 시중을 드는 사람'이라고 설명했다. 어릴 때부터 그 집안에 출입하며 가족, 친척, 노비에 이르기까지 꺼리거나 피하는 것이 없어서 나이 들어서까지 그런 관계를 유지했다. 아름다운 모습과 영리한 성품을 지닌 자가 오히려 집안의 부녀자들에게 더러운 짓거리를 저지르는 데 귀천이 없어서 추잡한 소문이 넘쳐 나는 경우도 있었다. 가리는 것도 없고 맹인에 점치는 재주가 있는 자 또한 내외를 불문하고 아침저녁으로 착 붙어서 친하게 지내게 되어서 조금씩 문제가 있는 것을 알게 되더라도 오히려 내치기가 어렵다고 했다. 황윤석이 지적한 청지기는 재상가에서 수발을 들며 지내는 자들의 부정적인 면을 강조하고 있다. 실제로 재상가에서 벌어졌던 추문이 상당해서 여러 형태의 이야기들이 떠돌았던 모양이다.

정약용은 '겸인'을 '실내에서 수령의 잔심부름을 맡아보던 사사로운 종'으로 정의하고 있다. '승차承差' 또는 청지기라고 부른다고 했다. '겸종傔從'에 대해서는 '양반가에서 부호집의 잡무를 맡아보던 사람으로 청지기, 겸인, 수청守廳, 장반長班'으로도 불린다고 했다.

황윤석이나 정약용은 모두 겸인을 양반 권력가, 부호, 재상가 등에서 집안의 대소사를 돌보고, 주인을 그림자처럼 따라다니며 일을 처리하는 사람으로 정의했다. 이들은 상당히 오랜 기간 그 집안을 드나들거나 기거하면서 주겸主傔 관계를 맺었다. 겸인이 그 집안에서 하는 일은 주공의 병수발부터 지방관으로 발령받아 갈 때 책객이나 책방, 중방 등의 역할도 했다. 따라서 지방관아의 행정이나 실무를 직접 담당하기도 하면서 실권을 행사하여 때때로 폐단을 일으키기도 했다.

이들이 권력자 집안의 겸인이 되기 전의 신분은 상당히 다양했던 것으로 보인다. 일반 양인에서부터 양반집 출신이지만 살길이 막막해진 사람들까지 그 사례가 보인다. 다만 일정 수준의 글을 알아야 했고, 주인가의 일 처리를 잘할 수 있을 정도의 상식과 영리함과 재능이 있다면 여러 겸인 중에서도 눈에 띄게 되어 주공과의 관계도 더 친밀해질 수 있었다.

겸인으로서의 경아전: 경아전의 시각

겸인들의 헌신을 기반으로, 서울 대갓집의 청지기들은 중앙 관청의 여러 서리 자리를 얻을 수 있었다. 조선 후기 서울 주민을 대상으로 경아전을 뽑도록 규정이 바뀌면서 관청 책임자의 임명 권한이 그만큼 커졌다. 따라서 권력가의 겸인 입장에서는 경아전직을 차지할 기회가 확대되는 결과를 가져왔다. 단순히 경아전의 직을 수행하는 데 그치지 않고, 그 권력가를 후원 세력으로 두고 경아전으로 근무하면서 얻을 수 있는 경제적인 이득이 많았던 것이다.

앞서 언급했던 정조 때 홍봉한의 겸인 노동지의 경우, 홍봉한의 문하에 들면서 별군관에서 시작하여 선사포첨사까지 올랐다. 첨사직 3년 만에 자신의 고향 남양에 전토를 매입하고 평생을 부족함 없이 풍족하게 먹고살 재산을 모았다고 당당히 얘기하고 있다. 홍봉한도 잘되었다며 다행스럽게 여겼다.

19세기, 『공사기고』를 쓴 이윤선도 박영원의 겸인이자 호조 서리였다. 이윤선 집안의 경우 대대로 박영원 집안의 겸인 노릇을 했다. 아버지 이기혁 때부터 헌신하여 말년에는 종2품 가선대부 행 용양위호군 겸 오위장 직첩을 받을 정도였다. 덕분에 집안의 경제 상황도 매우 좋아졌다. 이윤선의 30년 서리 생활 덕택에, 처음에는 형편없던 거처에서 550냥짜리 용동의 주택을 구입했고, 5년 후엔 1,450냥짜리 집, 또 7년 후엔 2,000-3,000냥의 대저택을 소유할 정도였다. 주택뿐만 아니라 수십, 수백 냥의 산소 자리나 위답을 확보했고, 하인과 행랑아범까지 따로 두고, 도지賭地를 거두러 다닐 정도의 지주가 되었다.

따라서 모두가 생계 걱정 없이 지낼 수 있는 기반을 마련하기 위해 겸인으로 들어가기를 원했고, 그런 자들이 더욱 늘어났다. 조선 후기 문무과 시험을 통해 배출되는 인원이 늘어난 것에 반해 관직자 수는 한정되어 있어 더욱 경쟁이 치열했다. 노

동지처럼 무예가 출중했음에도 무과 시험에 번번히 낙방해서 겸인으로 들어간 사례도 있었고, 황윤석과 친분이 깊었던 백사 빈처럼 무과에 급제했지만 승진에서 뒤처지고 도대되어 액외 출신으로 전락하여 겸인을 소망한 경우도 있었다. 이들의 공통의 목적은 생계유지였다. 하지만 재상가의 겸인으로 들어간다고 해서 누구나 다 경제적인 부를 축적하고 권세를 누릴 수는 없었다. 한 재상가에도 여러 명의 겸인이 있었고 그들 간에도 경쟁이 치열했다. 그저 재상가의 겸인으로 지내기보다는 중앙관청 서리 자리를 얻게 되면 경제력을 확보하는 데 큰 바탕이 되었다. 18-19세기에 걸쳐서 겸인들의 경제적인 부를 축적하는 능력은 그 규모나 빈도가 확장되고 있던 추세로 보인다.

더욱 복잡해져 가는 사회 속에서 다양한 층위의 신분으로 분화되고 있었고, 시장경제의 확대로 상품과 화폐의 유통과 맞물리며 관청과 행정조직을 통한 다양한 형태의 흐름이 겸인이자 경아전이 부를 축적하는 데 큰 활력소가 되었다. 그들은 돈을 벌 많은 기회를 접할 수 있었고, 정국의 변동에 따른 주공의 권력 향배, 그와 함께 겸인 각자의 처신과 노력이 더해져서 부의 축적은 가속화될 수 있었다.

하지만 리스크는 더 컸다. 이런 경아전직은 불안정할 수밖에 없었다. 이런 세태에 대하여 이익은『성호사설星湖僿說』에서 이렇게 지적하고 있다.

"지금 모든 관청에 속한 관리들은 오직 자주 이리저리 옮겨서 자신의 이익을 도모하기만 생각하고, 일찍이 맡은 공무에는 모두 유의하지 않는다. 실제 부딪히는 상황이나 규정 조항에 대해서는 아는 게 없어서 머리만 숙이고 앉아 있다. 모든 걸 서리에게 의지하고, 공경대신公卿大臣이 입대할 때면 꼭 서리들을 찾아서 물어본 다음에 결정을 내린다. 그럼에도 부끄럽게 여기지도 않으니 어떻게 된 것인가. 속담에 '조선은 서리 때문에 망한다'고들 하지만, 내가 볼 때 우리나라는 오히려 서리 때문에 유지되고 있고, 이들 서리가 없다면 온갖 제도도 곧 없어지게 될 것이라고 생각한다.

그런데, 지금은 모든 벼슬아치가 임의로 서리들을 출척黜陟하고, 여러 사사로운 잡무를 처리하게 해서 서리들은 모두 어리석고 무식하기만 하다. 이러니 어찌 옛날 전고典故를 알겠는가? 고려 때 제도에는 모든 서리에 대해서도 도목포폄都目褒貶이 있어서 승진시키고 내쫓기도 했기 때문에 사람마다 정신을 가다듬어 재능이 있고 없는 것이 나타났던 것이다."

이익은 이처럼 서리에게 의지하고 있는 관리들의 세태를 꼬집고 있다. 하지만 이들 서리 뒤에는 주겸 관계의 주공이 있었다.

중앙관료와 청지기, 하인, 겸인으로 엮여 있는 경아전일수록 그 처신이 힘들 수밖에 없었다. 정국의 변화는 곧 주공의 권세와 직결되고, 그것은 곧 겸인들의 위치가 언제든지 불안할 수 있다는 것이다. 따라서 치열한 경쟁과 세태 판단이 필수였다.

겸인은 주공가에 자발적으로 와서 투속한 형태가 대부분이었기 때문에 그 집안에만 매여 있는 존재는 아니었다. 자신의 의지에 따라 머물 수도 있고 떠날 수도 있었다. 물론 인간관계 속에서 배은망덕하게 떠난다는 욕을 먹을 수도 있었지만, 『이향견문록』에는 그런 오해에도 불구하고 주공의 처지가 어려워지고 모든 겸인이 떠났을 때 다시 돌아와서 주인을 모시는 겸인의 이야기를 미담으로 소개하고 있다.

하지만 대개의 겸인들은 만일을 대비하는 노력도 게을리하지 않았다. 특히 주공이 고위 관직자일수록 그 주인의 당색과 교유 범위에 맞춰서 주공을 통하지 않고 겸인이 직접 다른 인맥을 만들고 교유하는 사이로 만들었다.

전생서직장 정동철의 겸인이 비밀리에 김이유의 종을 찾아와서 전생서색리 중 이득이 가장 많은 자리가 무엇이냐고 묻고 다닌다는 사례에서처럼 겸인들은 기본적으로 경제적 이득을 위해 이곳저곳 물색하고 자리를 옮겨 가지만 뒷배를 담당하는 관계를 맺기 위해 돈과 권력과 위치를 잘 이용했다.

따라서 이를 유지하고 상당한 재력을 투자하여 서리직을 유지하려고 노력하면서도, 그와 함께 서리직 세습이나 서리층 간의 통혼 등을 매개로 서로 협조 관계를 구축했다. 일단 차지한 서리직을 통해서 재력을 축적하고, 권력을 지원받으면서 기득권을 유지했다. 또 재력을 기반으로 수준 높은 교육이 가능해져서 학문적인 성장과 함께 사대부적 교양, 의식, 정서를 공유하기도 했다.

18세기 이후 19세기 즈음에는 경아전직을 가지는 데에 상당한 비용이 들었다. 또 정치권력에 따라 그 서리직조차 유지 여부를 확신할 수 없는 불안정성을 가지고 있었다. 이런 까닭에 주인가 집안의 가격家格 유지와 서리직 세습에는 일정 부분 한계가 있었던 것은 분명하다. 이에 따라 겸인들은 한번 시작한 중앙관청의 서리직을 통해 부를 축적하려 했고, 이 과정에서 무리하게 관청 자금을 유용하는 경우도 발생했다. 하지만 주공의 권력이 강할수록 그 겸인의 뒤를 돌보아 주는 구조가 작용하여 포흠했던 관청에서 쫓겨나더라도 다른 관청으로 옮겨 갈 수도 있었다. 상당한 특권을 누렸던 경아전의 사례도 보인다.

앞서 살펴본 임세웅의 경우는 대단한 능력을 보인 인물이다. 종친 해운군 이연의 청지기로 출발하여 종부시서리 자리를 차지했다. 그런데 종부시서리를 하면서 공신 후예의 늑별 우내를 받으려고 공신 신분을 위조하여 충의차첩을 받으려 했다. 그에 대한 처벌을 받은 후 해운군에게 고자질을 해서 황윤석을 난처하게 만들었고, 결국 쫓겨났지만 또다시 복직했으며, 포흠 사건을 일으켜서 또 쫓겨났다. 임세웅은 이후 정존겸의 겸인으로 갈아탔고, 버젓이 사복시서리로 근무했다. 파란만장한 삶이지만 이면에서 해운군, 정존겸 등의 권력과 포흠 사건까지 일으키며 축적한 부가 경아전 자리를 유지하게 한 수단이 되었다. 때때로 권력가를 골라서 겸인으로 들어가고 그 관계를 재설정함으로써 가진 겸인, 경아전의 불안정성을 극복했다.

경아전으로서의 겸인: 권력가가 바라보는 겸인, 경아전

18세기 이후 서울 생활은 소비적인 도시로 확대되었다. 따라서 관료나 사족의 생활에서 겸인들의 역할이 커질 수밖에 없었다. 소비 도시인 서울에서 사족이 직접 생산적인 활동에 뛰어들기는 어려웠고, 이런 부분을 겸인들이 메꿔 주고 있었다.

사족의 입장에서는 실력을 갖춘 청지기들이 절실했다. 마침 조선 후기의 상황은 관직으로 진출하기가 어려워서 생계를 걱정하는 실력자들이 많았다. 서로의 이해관계가 맞아떨어진 것이다.

또 조선 후기 정국의 운영에는 각기 다른 당색이 서로 치열하게 경쟁하며 움직였다. 정국을 주도하기 위해서는 뛰어난 인물도 필요했고, 그를 유지할 수 있는 정보와 경제력도 필수였다. 이런 정보를 정확하고 빠르게 확보하려면 실력 있는 사람들이 중앙의 여러 관청에서 활동해서 그때마다 변화하는 상황을 파악할 수 있어야 했다. 따라서 고위 권세가들은 경아전 자리를 자신의 겸인들로 채우면서 이를 확보해 나갔다. 겸인들의 입장에서는 안정적인 경제력을 확보함과 동시에 대대로 세습할 기회를 찾았다. 권세가들의 입장에서는 그들로부터 얻은 정보와 관청으로부터 확보할 수 있는 이득을 모두 노렸다. 이 과정에서 주겸 관계 인물들은 같은 당색으로 움직였고, 그들의 정치경제적 이익을 위해 함께 활동했다.

특히 조선시대 모든 관청의 행정실무는 서리가 담당하고 있는 구조였다. 이 아전들은 대개 대를 이어 업무를 담당하고 있었기 때문에 세세한 업무 규정뿐 아니라 행정 편법까지도 꿰뚫고 있었다. 권세가나 중앙관료들의 입장에서도 이들의 노하우가 꼭 필요했다. 가까이 두고 잘 써야 이로운 존재들이었다.

겸인들의 적극적인 활동만큼 주공들의 후원도 컸다. 황윤석이 중앙의 여러 관청에 근무하면서 시작하는 첫날부터 느꼈던 어려움 중 하나가 재상가 겸인들이 대부분 중앙관청의 실무 서리들이었다는 점이었다. 황윤석과 같은 하급 관리직의 경우, 각 관청의 책임자인 제조들의 겸인이자 서리에게 실제 행정업무를 지시하고 명에 따르도록 해야 했다. 하지만 이런 서리들이 관직자의 명령에 불복하고 지시한 업무도 부실하게 처리하거나 차일피일 미루면서 일하지 않는 등 각종 문제가 발생했다. 경아전의 잘못이나 비리에 대해서 정당하게 죄과를 물어도 그 때문에 제조 당상으로부터 질책을 받거나 보복을 당하는 등의 사례도 많았다. 관청의 규정이 제대로 지켜지지 않고, 법이 아닌 관행이나 인맥, 권력에 따라 달리 처리되기 일쑤였다.

하지만 대개는 겸인들의 개인적인 능력을 높이 사서 겸인으로 받아들이는 경우가 많았다. 황윤석의 단골 서리 김덕준이 소개한 한대녕韓大寧이란 자가 대표적이다. 한대녕은 고 박상철朴相喆의 청지기였다. 박상철이 일찍 사망하고 또 한대녕의 어머니까지 사망하여 삼년상을 치르게 되었다. 그는 밤낮으로 열심히 산학을 연구하여 어린 나이지만 재주가 비범하다고 했다. 김덕준은 황윤석이 산학에 상당한 식견이 있음을 알고 있었고 늘 함께 토론할 상대를 찾고 있음을 잘 알고 있어서 소개해 준 경우이다. 한대녕의 나이가 어렸음에도 박상철이 살아 있을 때 청지기로 들였던 것은 뛰어난 산학 능력 때문이었다.

또 황윤석이 사포서별제로 근무했을 당시 사포서서원 장도문張道文은 조명정趙明鼎의 청지기였다. 그는 글을 잘하고 시율詩律에도 소질이 있었다. 장도문의 아우 장도순張道淳은 남유용南有容의 청지기였고, 둘째 동생 장도함張道涵은 홍계희洪啟禧의 청지기였다. 삼형제가 모두 수작에 능하여 『체화록棣華錄』이란 시집을 엮기도 했다. 장도함의 경우 교서관에서 근무했고 능력이 뛰어나 홍계희와 함께 『황명통기皇明通紀』, 『명사강목明史綱目』 등을 교정볼 정도의 실력이었다. 삼형제 모두 각자의 재능으로 재상가의 겸인이 되었고, 대를 이어 그 집안의 청지기 겸 중앙관청의 서리로 근무했다. 이 또한 겸인들의 실력을 높이 샀던 권세가의 선택이었고, 대를 이어 관계를 유지할 수 있었던 비결이었다.

서로의 이해관계에 걸맞게 구조화된 주겸 관계는 호조판서 이만수李晚秀 집안의 겸인들 규모를 통해서 잘 드러난다.[22] 1809년 (순조 9) 어느 날, 이만수가 서호西湖에 배를 띄우고, 전·현직 각사 서리이자 자기 집안의 겸인 30명을 불러서 대규모의 파티를 열었다. 가수, 거문고 연주자 등도 불러서 각자 시 한 수씩을 짓게 했고, 자신과 자신의 아들도 글을 짓고 시축을 만들어서 기념했다. 그 시축이 바로 『정음축庭陰軸』이다. 여기에 나타난 이만수 집안의 겸인 규모를 보면 할아버지 이철보李喆輔의 친겸親傔 2명, 작은할아버지 이길보李吉甫의 친겸 2명, 아버지 이복원李福源의 친겸 6명과 친겸처럼 여겼던 겸인 1명, 당숙부 이성원李性源의 친겸 8명, 형 이시수李時秀의 호조판서 시절 믿을 만한 자 5명, 이만수의 겸인 3명과 겸인은 아니지만 겸인 같은 자 3명이다.

이들은 모두 육부, 의정부, 선혜청 등 주요 중앙관청의 전·현직 서리였다. 모두 시를 지을 수 있을 정도로 학문 식견도 높았다. 이만수 당대의 겸인들만 관리한 것이 아니라 집안 전체 겸인들을 불러 모아서 파티까지 열었던 것은 이들 겸인의 중요성을 인지하고 이들을 조직적으로 관리하기 위한 차원이었다.

당파 간의 경제 이권 쟁탈전

경아전 자리를 두고 치열한 경쟁을 벌이는 사정은 한마디로 말하면 경제 이권 쟁탈전이라 할 수 있다. 조선 후기에 들어서 더욱 격렬해진 당쟁 속에서 권력 장악을 위해서, 혹은 권력을 유지하기 위한 경제력이 필요했다. 또 필요한 것이 정보였다.

이윤선의 부친 이기혁 또한 박영원의 겸인이었다. 이기혁이

1840년(헌종 6) 군기시軍器寺의 색리직을 얻는 데 절대적인 영향을 준 사람이 이상황李相璜이다. 그 자리는 박윤식이 쫓겨난 자리였다. 이상황은 당시 군기시제조로서 본 관청 서리를 뽑는 권한을 가졌는데, 이때 자신의 겸인이 아닌 박영원의 겸인, 이기혁을 뽑은 것이다. 박영원과 이상황은 같은 소론으로 매우 친한 관계였다. 이윤선은 부친의 16년 헌신이 결실을 맺었다고 표현했지만 박영원의 입장에서는 같은 소론 사람으로서 밀접한 관계를 유지했던 이상황에게 청탁을 넣은 것이다.

또 이윤선의 경우에도 박영원이 호조판서로 있을 때 호조봉상색서리로 채용되었다. 한동안 서리를 그만두었다가 다시 복직할 때도 같은 소론이었던 이돈영이 호조판서를 하고 있을 때 주선하여 복직이 가능했다. 이 과정에서 박영원의 입김이 작용했다. 실제로 이돈영은 박영원의 묘지명을 쓸 정도로 같은 소론으로서 밀접한 관계를 가졌었기에 가능했다.

이윤선은 박영원의 겸인으로서 자신의 당색도 소론을 따르고 있었다. 당시 세도 정국 속에서 주공 박영원의 정치적 입장에 동조하고 소론 쪽에 서서 주인가를 지지했다. 그런데 순조대 후반 이후에 안동 김씨 가문과 풍양 조씨가 서로 치열하게 권력을 다투게 되자 이윤선도 입장을 정해야만 했다. 박영원은 풍양 조씨 쪽에 가까운 입장을 취했는데, 이윤선도 박영원의 입장을 따랐다.

이에 따라 박영원과 긴밀한 관계를 유지했던 이돈영, 정원용 등 소론가를 비롯하여 권돈인, 윤지수 등 풍양 조씨파들을 자신의 교유 범위에 넣고 주공의 주선 없이 직접 접촉하기 시작했다. 특히 이돈영과의 관계를 말할 때도 평소 대대로 교류하던 친분 관계, '세교世交'라고 표현하면서 이를 공공연히 활용했다.

뿐만 아니라 헌종 재위 시절에 풍양 조씨 쪽으로 기울어 군권을 장악하기 위해서 총위영을 운용할 때에도 이윤선이 총위영서리로 일했다. 이는 박영원이 소론의 일원으로서 정치적 권력을 유지하기 위해 풍양 조씨와의 교유를 염두에 두었는데, 이와 함께 이윤선도 동참하면서 총위영의 서리직을 차지할 수 있었던 것이다. 헌종 사망 후에 안동 김씨들이 풍양 조씨 세력을 쫓아낼 때도 이윤선은 윤치수, 윤치영과의 유대 관계를 유지하는 전략을 폈다.

하지만 정국의 변화로 인해 박영원도 안동 김씨들과 협조하는 방향을 모색하다가 1855년(철종 6) 사망한다. 주공의 사망으로 이윤선의 입지가 좁아지면서 이윤선은 적극적으로 안동 김씨와의 교유에 나섰다. 이 결과 부친 이기혁이 가자되고, 무과에 급제하게 되었다. 안동 김씨 세도가의 직접적 개입이 있었다.

이윤선의 정치적인 판단과 정국의 흐름에 대한 정확한 안목

이 큰 역할을 했던 것은 분명하다. 하지만 그 이면에는 주공 박영원의 후원과 함께 소론 세력 및 풍양 조씨파, 안동 김씨 세도가 등 여러 집단의 이권이 작용하고 있었다. 직접적인 이득은 경아전을 맡았던 겸인의 몫이었지만 결국 당파 간의 치열한 경쟁, 경제적 이권 쟁탈전에서 겸인 서리의 정치적 위상도 더욱 커질 수 있었다.

4

조선의 행정체제와
인적 네트워크

네트워크의 증가와 다양성

조선 후기 서울에서 나타났던 주검 관계가 조선의 행정체제에서 차지했던 역할은 매우 컸다.

원래 경아전은 이조에서 일괄적으로 3년에 한 번씩 선발해서 궐원이 생기는 중앙관청에 충원하는 형태로 운영되었다. 하지만 중종 대부터 이미 여러 문제점이 발생했다. 근무일수를 채웠음에도 서리직으로 나아가지 못하고 적체되는 인원이 많아졌다. 이를 해결하기 위해 적체 인원 나머지를 군역으로 충당하도록 결정되었다.

하지만 임진왜란과 병자호란을 겪은 이후 서리 인원이 급격히 줄어들어서 행정운영의 마비 상태까지 오게 된다. 이 때문에 빨리 부족한 서리를 보충하여 행정력을 원활히 하기 위해 수시로 충원하는 방법이 강구되었다. 중앙관청의 책임자가 때때로 충원할 수 있는 선발권을 가지게 되었고, 이 대상도 서울 주민들이 되었다. 『속대전』에는 '재직기간을 환산하여 거관하는 법은 이제 폐지하고, 서울 주민을 대상으로 선발한다. 정액 외로 각사에서 차출을 더하는 자는 제서유위율로 논한다'라는 규정이 정해졌다. 영조 때까지 취재의 방법이 운용되고 있었지만 정조 때 취재는 공식적으로 폐지되었다.[23]

하지만 법전에 공식화되기 훨씬 전부터 경아전의 충원 폐단이 나타났다. 이미 광해군 대부터 청탁을 통해 경아전이 되고, 실력도 갖추지 못한 서리들이 백성들을 괴롭히는 등의 문제가 나타났다. 숙종 때의 기사에서도 다음과 같이 실태를 보고하고 있다.

> "관직자를 선발할 때면 여기저기 청탁하는 분경奔競의 풍속이 판치고 관직 한 자리만 비게 되면 온갖 곳에서 청탁이 난무해서 전관銓官이 누구를 추천할지 망설이고 오직 세력이 있고 없음만을 따지고 있다. … 심지어 고지기나 서리 자리가 비면 대신이나 중신이 어지럽게

청탁해 올 정도이다. 지방의 감관監官이나 별장別將을 뽑는 데도 마찬가지다."

개인적이고 은밀하게 청탁을 넣고, 분경하는 자들이 재상 집에 폭주하며 군교軍校나 이서 자리마저도 청탁이 잇따르고 있어서 고질과 폐단이 심하다는 상소가 빗발치고 있었다.

이처럼 경아전 선발이 혼탁해지고 있는데, 그 기관의 관장이 선발권을 가지면서 자기 집안의 겸인이나 같은 당색의 사람의 겸인으로 채우는 사례가 늘어났다. 관장의 서리 선발권은 국초부터 당상관이나 대군, 왕자군 등을 우대하여 전속서리를 주었던 것과 관계가 있었다. 또 조선 후기 실무 담당자인 아전들의 급여 체계가 미비한 상태에서, 시장경제는 확대되고 있었다. 한편 국초부터 계속된 제한적이고 경직된 유통 체계 속에서는 겸인들이 주공과의 사적인 관계를 넘어서 행정조직에 편입되어야만 성장 가능한 구조였다. 조선 후기 사회구조에서 다양성이 확대되고 다양한 요소들이 복합적으로 작용하면서 겸인들이 중앙관청의 행정실무에 직접 개입하는 것이 현실화된 것이다. 이와 함께 지방의 서리들과도 긴밀한 접촉이 이루어지면서 또 하나의 겸인층이 두각을 드러냈다.

겸인층에서도 다양한 이력을 가지고 있는 사람들이 많았다.

그 출신도 다양했다. 평민에서부터 양반에 이르기까지 다양한 형태로 분화된 조선 후기 사회상을 반영하고 있다.

양반층의 확대와 당파

조선 후기에 급격히 늘어난 양반과 시장경제의 발달은 조선 사회를 '돈이 있어야 양반이지'라는 말처럼 경제력이 뒷받침되어야 양반 노릇을 할 수 있는 사회로 변화시켰다. 양란 이후 경제가 활성화되고 시장이 발달하면서 돈을 버는 부자가 늘어났고, 이와 함께 조선 전기에 공고했던 신분제는 느슨해졌다. 노비층에서도 경제력을 바탕으로 신분 상승을 꾀했고, 과거를 통해서 관직에 진출하려는 시도도 넘쳐났다. 하지만 한정된 관직 자리로 인해 실직이 아닌 액외 인원이나 출신 등 다양한 형태의 관직 자리도 생겼다. 실력과 능력이 있음에도 관직 진출이 어려웠던 층에서는 겸인이라는 새로운 출구를 모색했다. 고위 재상가나 명사 집안을 드나들면서 중앙의 고급 정보를 접할 수 있었고, 생계를 마련할 수 있었으며 헌신도에 따라서 경아전으로 진출할 기회도 가질 수 있었다.

한편 늘어난 양반층과 함께 중앙정계에서는 당파의 경쟁도 더욱 치열해졌다. 따라서 같은 당색을 중심으로 정권을 장악하고 유지하기 위해서는 그만한 인력과 자본이 필요했다. 서울의 양반가나 대갓집의 겸인, 청지기는 어느 정도 실력과 능력을 갖춘 인물이 많았고, 이들은 같은 당파 그룹에서 인적 자본이 될 수 있었다. 경아전직을 통해 행정운영뿐 아니라 경제권, 정보를 확보할 수 있는 최적의 방법이었다.

주공과 겸인은 정치적, 경제적 원원 관계를 공유했다. 겸인의 입장에서는 생계를 보장받고 성장할 수 있는 출구 전략으로 활용될 수 있었다. 하지만 주공의 권력 부침에 따라 동요할 수밖에 없는 구조였기 때문에 중앙정계의 변화에 관심을 두고 때에 따라서는 주공을 바꿔 가면서 생존, 성장해 나갔다.

경아전이 이들 겸인으로 채워지면서 조선 전기의 관료-향리 층의 네트워크 구조는 파괴되었고, 주겸 관계라는 특수한 사적 관계가 중앙관청에서의 공적 관계와 중첩되면서 법의 경계를 허무는 결과를 가져왔다. 이미 다양해지고 복잡해진 사회구조를 법 규정이 따라가지 못했고, 조선 정부는 국초부터 이어 온 국가통제를 고집하면서 그 괴리가 더욱 확대되었다. 따라서 주겸 관계의 경아전 구조도 비리로 점철될 수밖에 없었던 것이다.

양반층 네트워크에 겹인 아전 네트워크를 더하다.

조선의 행정제도는 법과 제도를 기반으로 인정이 조화를 이루고 유지하는 방향으로 운영되었다. 특히 양반층의 네트워크는 경제와 사회 운영에 중요한 한 축으로 작용했다. 법과 제도, 인적 네트워크가 서로 균형을 유지하며, 인맥으로 인한 과도한 폐단을 방지하는 것이 조선의 국가체제 운용의 중요한 요령이었다.

조선 후기에는 급격한 사회 변동과 함께 사적 경제가 발달했다. 이에 따라 국초부터 계속되었던 국가통제에서 벗어난 다양한 유통과 상업망이 생겼다. 또 지방에서 분화된 층들이 대거 도시로 몰려들면서 도시가 발달했다. 특히 서울은 소비의 도시이자 모든 산물이 집중되고 인물과 경제력이 가득한 도시가 되었다. 여기에 신분제도 변화하여 신분 상승과 함께 양반층의 확대를 가져왔다. 따라서 기존의 네트워크에 큰 변화가 생겼다.

조선 후기 관료-향리층의 네트워크에 가장 큰 변화가 바로 주겸 관계를 기반으로 한 경아전층이었다. 조선 전기 경아전은 전 지역을 대상으로 3년에 한 번씩 취재를 통해 선발해서 충원하는 방식이었다. 하지만 적체 인원이 늘어났고, 이를 해결하기 위해 군역으로 돌리는 등의 방안이 결정되었다. 그런데 두 차례의 큰 전란으로 인해 인적 손실이 심각했고, 경아전의 부족 사태가 발생하여 경아전의 충원 방식에 대폭 변화를 가져왔다. 각 관청의 책임자가 서리 선발권을 가지고 그 대상은 서울 주민으로 한정하게 되었다. 이런 방식이 조선 후기 양반층의 확대와 당파 간의 정치 쟁탈이 심해지는 현상과 맞물리며 겸인이란 존재가 부각되었다.

그저 대갓집에서 청지기 역할을 했던 겸인이 중앙관청의 행정조직 속으로 파고든 것이다. 겸인과 주공의 관계는 전적으로 사적인 관계이다. 하지만 이들이 경아전으로 차출되면서 주공가와의 사적 관계와 관청 상급자와 서리의 공적 관계가 중첩되었다. 여기에 늘어난 양반, 당파싸움이 치열해지면서 경아전, 하인 자리조차 당파 간의 경제 이권 쟁탈전으로 비화되었다.

겸인 개개인은 주공가의 권력 부침에 따라 불안정한 신분이었고, 어떤 당파가 권력을 잡느냐에 따라서도 겸인들의 위치는 불안했다. 하지만 겸인 신분은 자의적인 선택이었고, 주공가와의 결별, 혹은 다른 주공의 겸인으로 옮기는 것 또한 겸인의 선택이었다. 불안정한 상황의 대비책으로 경아전 자리의 유지 전략은 치열했다. 더 풍족하고 권력 있는 관청의 서리 자리를 차지하기 위해 주공을 동원하는 것은 기본이었고, 모함이나 사기, 위조 등 각종 비법을 동원하여 쫓아낸 자리를 차지하기도 했다.

주겸 관계에서는 겸인의 헌신적인 노력이 필요했다. 이에 맞춰 주공은 경아전 자리로 경제력을 보장해 주었고, 그들을 통해 주공은 각종 정보 및 경제력 확보에 기반을 마련했다. 이런 네트워크는 단순히 재상가, 권력가와 겸인 관계만이 아니다. 같은 당색의 관료들, 겸인들 간의 관계, 경아전과 지방의 아전의 네트워크, 중앙관청에 드나드는 다양한 공인, 상인들의 조직, 유통망 등 복잡다단한 네트워크가 증가했다. 중앙관청의 서리로서 네트워크 확장이 가능했고, 여기에 주공은 그들의 연결망도 활용할 수 있었다. 조선 후기 이런 상황은 주겸 관계를 기반으로 한 경아전 충원 방식, 행정운영이 법과 제도보다는 권력에 따라 결정되는 부패 상황으로 인식될 수밖에 없었다. 중앙정부에서는 여전히 국가 통제 속의 유통망이나 네트워크를 고집했지만 이미 조선 후기 사회는 국가통제를 벗어난 다양한 유통망과 신분 상승으로 양반층이 확대된 반면, 법과 제도보다는 이를 벗어나 유연성이 과도하게 노출되었다.

경아전이라는 공적 관계와 겸인이라는 사적 관계가 함께 작용되는 상황은 조선 후기에 대대로 이어지는 구조와 관행이 고착됨과 동시에 다양한 네트워크가 승가하고 낭과 산의 경생이 심화되어 벌어진 사회의 한 단면이다.

주석

1 직역: 직분에 따라 정해진 일을 말한다. 조선시대에는 크게 사·농·공·상으로 구분할
  수 있는데, 모든 양인이 국역 체계에 편입되어 있다.

2 노혜경, 『朝鮮後期 守令 行政의 實際 —黃胤錫의 《頤齋亂藁》를 중심으로』, 혜안,
  2006, 42쪽.

3 담월(禫月): 대상(大祥)을 치른 후 정일(丁日)이나 해일(亥日)에 지내는 담제(禫祭)가 있는
  달. 대상은 사망한 날로부터 만 2년이 되는 시기에 행하는 의식을 말하며, 담제는 대
  상 다다음 달에 지내는 제사를 말한다.

4 고목: 조선시대 때 중앙이나 지방의 아전이 상급 관리에게 보내는 보고서 양식의 행
  정문서를 말한다.

5 산정: 정기적인 인사발령 이외에 임시로 관직을 임명하거나 교체하는 것을 말한다.

6 우장치: 조선시대 관청에서 비웃 등을 관리하는 사람을 말한다.

7 계방: 조선시대 세자익위사(世子翊衛司)의 별칭이다.

8 성생: 제사에 쓸 가축 제물(犧牲)을 검사하던 일을 말한다.

9 정재륜은 효종의 다섯째 딸인 숙정공주(淑靜公主)와 혼인하여 동평위에 봉해졌다.

10 윤대입시: 조선시대 때 여러 관료가 차례로 임금에게 정책 시행에 관한 사안을 보고
   하는 일을 말한다.

11 충의: 공신의 자손으로서 충의위에 소속된 사람을 말한다.

12 노혜경, 「18세기 典牲署의 인적구성과 기능 —黃胤錫의 《頤齋亂藁》를 중심으로—」,
   『고문서연구』 33, 한국고문서학회, 2008, 171쪽 참조.

13 강민: 한강 주변에 살고 있는 주민들을 말한다.

14 겸인: 청지기. 양반집에서 잡일을 맡아보거나 시중드는 사람을 말한다.

15 김명화, 「조선후기 忠勳府의 功臣嫡長 □傳과 忠義廳의 역할 —충훈부 문서와 《忠勳
   府謄錄》을 중심으로—」, 『고문서연구』 55, 한국고문서학회, 2019, 171쪽.

16 조선 후기 유재건이 지은 인물 행적기이다.

17 노씨 성을 가진 노인이란 뜻이다.

18 김환은 자가 회장(晦章), 호가 동애(東厓)이다. 학문이 높아서 그가 지은 논설이 수천 자에 달한 것이 있었으나 지금은 전혀 전해지지 않는다「호산외기(壺山外記)」.

19 단골서리에 대한 내용은 신경록, 「조선후기 기방 명민 출신이 과리와 경아전의 관계망」, 『장서각』 30, 한국학중앙연구원, 2013 참조.

20 임금이 탄 수레가 대궐 밖으로 나가는 것을 말한다.

21 대갓집 겸인이자 서리와 하급관원과의 갈등 양상에서 대해서는 이지양, 「《頤齋亂藁》로 본 18세기 各司 書吏의 존재양상」, 『한국실학연구』 15, 한국실학학회, 2008 참조.

22 유봉학, 「日錄《公私記攷》에 나타난 19세기 書吏의 생활상」, 『규장각』 13, 서울대학교 규장각한국학연구원, 1990, 14쪽; 강명관, 『조선후기 여항문학 연구』, 창작과비평사, 1997, 43-44쪽 참조.

23 경아전 충원에 대한 자세한 내용은 원재영, 「朝鮮後期 京衙前 書吏 研究: 19세기 호조서리의 사례를 중심으로」, 『조선시대사학보』 32, 조선시대사학회, 2005, 230-231쪽 참조.

『經國大典』.

『大典通編』.

『續大典』.

『肅宗實錄』.

『承政院日記』.

『英祖實錄』.

『正祖實錄』.

兪致範,『一哂錄』.

李潤善,『公私記攷』.

李瀷,『星湖僿說』.

黃胤錫,『頤齋亂藁』.

강명관,『조선후기 여항문학 연구』, 창작과비평사, 1997.

김명화,「조선후기 忠勳府의 功臣嫡長 □傳과 忠義廳의 역할 ─충훈부 문
　　　서와《忠勳府謄錄》을 중심으로─」,『고문서연구』 55, 한국고문서학
　　　회, 2019.

노혜경,『朝鮮後期 守令 行政의 實際 ─黃胤錫의《頤齋亂藁》를 중심으로』,
　　　혜안, 2006.

　　　,「18세기 典牲署의 인적구성과 기능 ─黃胤錫의《頤齋亂藁》를 중심
　　　으로─」,『고문서연구』 33, 한국고문서학회, 2008.

원재영, 「朝鮮後期 京衙前 書吏 研究: 19세기 호조서리의 사례를 중심으로」, 『조선시대사학보』 32, 조선시대사학회, 2005.

유봉학, 「日錄 《公私記攷》에 나타난 19세기 書吏의 생활상」, 『규장각』 13, 서울대학교 규장각한국학연구원, 1990.

유재건 지음, 실시학사 고전문학연구회 옮김, 『이향견문록』, 글항아리, 2008.

이지양, 「《頤齋亂藁》로 본 18세기 各司 書吏의 존재양상」, 『한국실학연구』 15, 한국실학학회, 2008.

전경목, 「조선후기 지방 명문 출신의 관리와 경아전의 관계망」, 『장서각』 30, 한국학중앙연구원, 2013.